CAUSERIES POLITIQUES

PAR

EDOUARD BOINVILLIERS

La fin de la République. — Vainqueurs
et Vaincus. — Le Retour à Paris
Conversation sur le suffrage universel.
Les Chemins de fer sous la République.
Supplique à l'Assemblée nationale.
La Presse et le Jury politique.
La Politique de M. Thiers. — La Reconstitution du Conseil d'État.
Les Solutions. — La République honnête
et modérée. — Princes et Principes.

PARIS

IMPRIMERIE DE DUBUISSON ET Cie,
5, Rue Coq-Héron.

1872

CAUSERIES POLITIQUES

PAR

ÉDOUARD BOINVILLIERS

La fin de la République. — Vainqueurs et Vaincus. — Le Retour à Paris.
Conversation sur le suffrage universel.
Les Chemins de fer sous la République.
Supplique à l'Assemblée nationale.
La Presse et le Jury politique.
La Politique de M. Thiers.— La Reconstitution du Conseil d'Etat.
Les Solutions.— La République honnête et modérée.— Princes et Principes.

PARIS

IMPRIMERIE DE DUBUISSON ET Ce.
5, Rue Coq-Héron.

—

1872

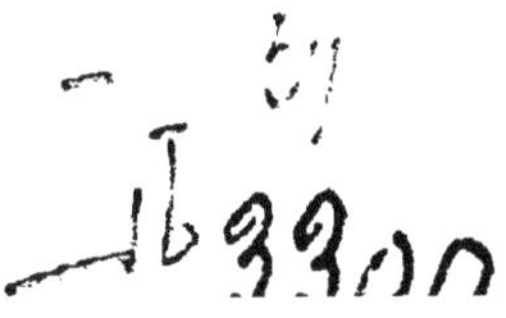

PRÉFACE

Le lecteur trouvera ci-après l'opinion d'un homme de bonne foi sur la politique du jour.

ED. B.

Paris, ce 15 février 1872.

LA FIN DE LA RÉPUBLIQUE

Que M. Prud'homme et ses honorables amis se rassurent ; la chose n'est plus, il est vrai, mais l'étiquette subsiste.

La France n'avait assurément pas désiré l'enfant que Paris lui a donné ; mais, en bonne grand'mère, elle l'avait accepté, et l'aurait élevé dans de sages principes, et en vue d'une fin plus heureuse, si le gamin n'avait fait montre, dès son jeune âge, d'un caractère des plus difficiles : tapageur endiablé, il cassait tout ce qu'on avait l'imprudence de laisser sous sa main ; menteur sans vergogne, vantard comme on ne l'est pas, il ne trouvait rien de beau, de bon, de grand que lui-même ; chippeur comme une pie, brave comme une souris, se tenant mal dans le monde, il fut bientôt l'effroi de tous ceux qui l'approchaient et le désespoir de ceux qui l'aimaient ; on lui pardonnait bien des choses qu'on n'aurait jamais tolérées chez d'autres enfants, et cette bonté tournait à mal, car il en abusait étrangement ; il fit tant et tant qu'à la fin on le renvoya de la maison.

Pour parler en prose, la République en est arrivée à ce moment critique où on ne la tolère que pour se donner le temps de lui trouver un successeur.

Quand on réfléchit un peu, on n'a pas lieu d'être surpris de ce qui arrive.

Le vrai républicain, j'entends celui de la veille, est un être à part, qu'il faut étudier avec soin, si l'on veut se rendre compte des mésaventures qui l'attendent, lorsque son mauvais génie le conduit au pouvoir.

En dehors de quelques personnalités sérieuses qui, par leur très-petit nombre, ne sauraient avoir la prétention de former un parti, l'espèce que nous étudions peut se reconnaître aux traits suivants :

Jeune, il ne se distingue guère des gens de son âge que par une antipathie plus prononcée pour tous les agents de l'autorité, par une mise négligée et par des stations fréquentes à l'estaminet ; il prélude déjà à la politique, en se mettant à la tête de toutes les manifestations d'étudiants ; malgré ses grands airs, il est timide, et le monde élégant et raffiné l'éloigne plus qu'il ne l'attire ; ses amours sont vulgaires, parce qu'il ne se sent pas fait pour aspirer plus haut, et il donne volontiers à sa gaucherie le nom de vertu ; arrivé à l'âge où l'on choisit son chemin, il s'éternise parfois dans la position subalterne d'étudiant à perpétuité, mais le plus souvent se jette dans les carrières scientifiques ; s'il enseigne quelque chose, ce sera plutôt les mathématiques que le droit. Ne lui parlez pas du commerce, c'est un métier de fripon ; l'industrie n'est guère plus relevée à ses yeux, c'est toujours besogne de bourgeois; pour lui, l'administration, dans ses rangs secondaires, n'est qu'un vaste banc d'huitres, et dans les rangs supérieurs, une école de servitude; plus il avance dans la vie, plus il se confine dans le milieu précis et étroit de ses études de prédilection, et à l'époque où le monde a le plus d'empire sur le cœur de l'homme, il lui devient à peu près étranger.

La société française, quand elle n'est pas en République, ne connait pas le républicain; elle ne le voit nulle part, dans aucune des voies où elle dirige ses efforts; c'est qu'en effet il la regarde marcher, sans entrer dans ses rangs, et s'il en parle c'est pour la dénigrer et contester le but et la légitimité de ses aspirations.

A ses yeux, un homme riche est vraisemblablement malhonnête, et la pauvreté nécessairement vertueuse. Il n'a jamais compris la nécessité de la discipline dans une société organisée, et fait métier de la détruire partout où il la rencontre, dans l'armée comme chez le commissaire de police, sous la robe du prêtre et sous la toge du magistrat; par tempérament, par habitude d'esprit, souvent aussi par la nécessité de cacher sous de tranchantes affirmations l'indigence du fond, il est toujours dans les extrêmes ; athée et parfois dévot, on le connaît libéral sous l'Empire, républicain dans le Parlement et montagnard en temps de République. Il épouse sa blanchisseuse, élève assez mal ses enfants et entre à l'Académie quand il a du talent.

Cette variété politique, assez rare dans notre climat, préfère le séjour des grandes villes à celui des champs, où elle s'étiole et meurt quand on l'y transporte.

Si notre portrait a quelque ressemblance, il reste à expliquer comment la société française se remet périodiquement entre les mains de pareils guides ; l'étonnement cessera assurément si l'on veut bien se rappeler que notre pays n'a jamais été appelé à se prononcer sur le choix que Paris faisait pour lui, et qu'à aucune époque de notre histoire, la République n'a été mise aux voix. En l'absence d'un gouvernement quelconque, force est bien à la France d'accepter celui qu'on lui offre ; elle se résigne, rien de plus.

Voilà donc notre homme aux affaires ! Vous comprenez son effarement secret ; en réunissant à la hâte autour de lui les purs de la veille, en battant de tous côtés le rappel, il a à peine de quoi remplir quelques hôtels de préfecture.

Le personnel presque tout entier est absorbé par les emplois des ministres ; pour remplir les cadres les plus en vue, et ne pas accuser dès le début sa pénurie, il est obligé d'avoir recours à la queue du parti, à ses doublures, auxquelles, en d'autres temps, on n'aurait pas confié la rédaction d'un article de journal, un procès à la 5e Chambre ou la santé de sa portière.

Ce défaut de personnel est la cause et l'explication de la faiblesse du parti républicain.

Quand une révolution amène au pouvoir un parti politique viable, il a, au jour du succès, une petite armée toute prête à en profiter ; il compte dans son sein des administrateurs, des financiers, des magistrats, des généraux ; tout cela un peu novice au commencement, mais ne manquant ni de lumières ni de talent ; ce sont pour la plupart des hommes que le public connaît et qui ont fait ailleurs leurs preuves ; ce parti, s'il veut vivre, a eu soin de se pourvoir en outre de représentants dans toutes les branches du commerce et de l'industrie, dans les sciences et même dans les lettres.

Espérer de gouverner un pays sans être dans ces conditions nécessaires, sera toujours une entreprise vaine. C'est cependant ce que va tenter notre homme.

Vous savez son ignorance de la société qu'il est appelé à diriger ; vous devinez qu'il se sent inquiet et comme dépaysé dans ce monde qu'il a sévèrement jugé, mais qu'il ne connait point ; pressentant des résistances, il s'arme de la ressource des faibles, la violence ; ne pouvant espérer de conduire facilement une société qui lui échappe, il prend le parti de la dompter ; de sorte qu'après quelques mois d'existence commune, il est en lutte réglée avec elle, et, au lieu d'une direction, ne lui donne plus que des coups.

Le premier soin du républicain au pouvoir sera de se débarrasser de tous ceux qui, à un titre quelconque, ont fait partie du gouvernement régulier qu'il remplace; dans ces hommes de savoir et d'expérience, il sait qu'il aurait des aides précieux; mais il devine des juges, et, sous prétexte de politique, il les tient à l'écart; pour peu que les circonstances s'y prêtent, il pratique l'intolérance sur une immense échelle, et alors le pays, privé à chaque échelon social de ses guides naturels et autorisés, s'effondre partout.

Si les phénomènes moraux pouvaient être perçus par l'oreille et par l'œil, comme les phénomènes physiques, nous aurions entendu, il y a un an, un effroyable craquement sur toute la surface de la France.

C'est qu'en effet le parti conservateur tout entier venait de disparaître de la scène politique.

Que l'on veuille bien songer aux efforts

patients, au travail opiniâtre qui ont amené à l'aisance, au savoir, à la bonne renommée, ces innombrables familles dont les chefs avaient rempli pendant vingt ans les postes les plus en vue dans l'administration locale et départementale. Que de temps il a fallu pour que ce personnel conservateur pût se former; que de soins, que de perspicacité du côté du gouvernement pour mettre en lumière ces talents obscurs et modestes, et que d'énergie aussi pour leur assurer et leur maintenir le rôle prépondérant que leur doit la société, mais que leur contestent sans relâche toutes les traditions révolutionnaires !

Ce personnel ne se forme pas à la hâte comme celui de l'opposition ; on est difficile en province : il ne suffit pas d'avoir gagné honorablement sa vie sous l'œil vigilant de ses concitoyens, il faut encore avoir réussi plus et mieux qu'eux ; l'aisance ou la richesse ne sont qu'un point de départ, on demande en outre la capacité : il faut avoir donné l'exemple d'une vie régulière et sans tache ; on n'en pardonnerait pas une, même dans un membre de la famille.

Que de soins superflus! que de petitesses dans les idées! quelle politique bourgeoise, s'écrieront tout d'une voix les frères et amis, en présence d'un pareil programme! Que faut-il, au contraire, pour faire un homme d'opposition? Ils vous l'ont dit un jour dans un accès de franchise : une pipe, un bock et de la blague. C'est la blague, en effet, qui trône dans un bon nombre de préfectures, la pipe atteint aux plus hautes destinées, et le bock règne en souverain sur la table de toutes nos mairies.

Ce n'est rien moins que l'assassinat en grand de la société régulière; c'est un pays décapité.

Si l'on comptait sur l'élection pour remettre toutes choses en place, on s'exposerait à bien des mécomptes. En effet, ce n'est pas en vain que, dans tous les postes importants de l'administration et de la justice, on a placé des hommes qui ont la consigne la plus sévère de ne laisser rentrer en scène aucun des conservateurs de l'ancien régime ; ce n'est pas pour rien que préfets et sous-préfets, procureurs généraux, procureurs de la République et juges de paix ont été choisis pour cette besogne, ils ne diraient rien, n'agiraient pas, et se borneraient au rôle de statue, ce qui n'est guère vraisemblable, que leur seule personne en dit plus long que tous les discours du monde.

Nos paysans sont habitués à avoir à leur tête des gens recommandables à tous égards, et ils ont, par suite, un grand respect pour le représentant de tout gouvernement. Quand donc on leur demande de nommer un conseil municipal ou un maire, ils savent bien qu'ils feront une chose désagréable aux puissants du jour en reprenant les braves gens du temps passé; aussi en sont-ils réduits, ou à ne pas paraître à l'élection, ce qui devient le fait à peu près général, ou bien à voter à regret pour de petites gens qui n'ont qu'une demi-aisance, qu'un demi-savoir et qu'une demi-honorabilité.

Qu'on soit bien convaincu de ce que j'affirme ici : encore six mois de ce régime, et la province entière sera la proie des rouges.

Sans doute, la faute en est aux républicains; mais on ne saurait voir sans une patriotique douleur cette détestable politique survivre à ses premiers auteurs, et s'incarner dans un homme intelligent, que les événements avaient voulu faire grand, et que ses rancunes laisseront petit.

Donc, tout ce qu'il y a de conservateurs dans notre pays s'est éloigné de la République, et cet éloignement la tue; ce qui en reste n'est plus qu'une enseigne branlante, que décrochera le moindre souffle de vent.

VAINQUEURS ET VAINCUS

Ils sont là, autour de nous, des milliers qui gémissent sur nos malheurs ; le pavé est glissant de leurs larmes, et l'on ne heurte plus un passant dans la rue sans qu'il en sorte un hélas! Celui-ci est honteux d'être Français et jure qu'il va s'expatrier ; cet autre est courbé par la peur et ne rêve plus que pétrole et communeux; un troisième est atteint de la manie des récriminations : il passe sa vie à déclamer contre les hommes et les institutions.

Un peu de courage! Dieu se fatiguera, à la fin, de cette plainte éternelle et stérile ; il refusera de reconnaître ses enfants de prédilection, les fils de ces chevaliers à la main rapide et au cœur ferme, dans ces citoyens larmoyants, et il se retirera d'eux. Il faut songer enfin à faire notre salut ; il est là, à portée de la main ; un effort pour comprendre et un autre pour agir, et nous seront sauvés.

Pour comprendre, il faut que vous me laissiez vous raconter une petite histoire :

Il y avait une fois un peuple qui, suivant une ancienne tradition, était gouverné par les grands ; il voulut se gouverner tout seul et décréta l'égalité des citoyens devant la loi : c'était une Révolution. Elle fut dirigée d'abord par des hommes de bien, qui étaient intelligents ; la violence du mouvement leur arracha le pouvoir, et il tomba successivement des mains de braves gens sans intelligence politique à celles de rhéteurs et d'utopistes, pour être repris en dernier lieu par des bandits.

Déjà que de vainqueurs et de vaincus !

Un jeune soldat plein de génie remit tout en ordre. Mais les peuples voisins, craignant avec raison la contagion d'un principe révolutionnaire, devenu redoutable depuis qu'il dirigeait une société régulière, se réunirent pour donner l'assaut à ce principe détesté, et réussir à le renverser dans la personne de son incontestable et glorieux représentant.

Dans la crainte de la réponse, l'Europe n'eût pas consenti à interroger le peuple sur le choix d'un gouvernement nouveau ; ce fut donc encore la force qui triompha.

Alors de nouveaux vainqueurs et de nouveaux vaincus !

Les grands d'autrefois revinrent, et ce fut une joie délirante dans le camp de ces vieillards, qui avaient désespéré du succès de leur cause. Mais les hommes de l'Empire et de la Révolution n'acceptèrent pas leur défaite, et, au nom de la liberté (dans ce pays, on appelle libéraux tous ceux qui font de l'opposition), ils engagèrent le combat et réussirent dans leur entreprise.

Encore des vaincus, encore des vainqueurs !

Les nouveaux venus n'avaient pas de principes bien arrêtés ; ils n'avaient qu'un sentiment commun : la haine de la Restauration, et s'étaient battus pour renverser et non pour édifier ; leur triomphe avait plutôt couleur de négation que d'affirmation. Aussi prit-on ce qu'on avait sous la main, comme prince et comme principe. Le début ne fut pas heureux ; les querelles n'étaient pas rares dans ce ménage de hasard, et l'on alla souvent jusqu'aux coups, puis on revint à de meilleurs sentiments, et la nation paraissait jouir d'une bonne petite prospérité, due aux efforts d'une bonne petite bourgeoisie, lorsque le pays commença à s'ennuyer profondément de toutes ces excellentes petites choses, et entre deux bâillements se décrocha la mâchoire.

On était de nouveau en République !

Toujours des vainqueurs et des vaincus !

Avant d'achever mon histoire, qui jusque-là ressemble bien fort à celle de notre pays, et en supposant que ces exercices révolutionnaires aient continué, on peut affirmer que ce peuple court à une mort inévitable. Il est certain, en effet, qu'au bout d'un temps plus ou moins long, il ne contiendra plus un citoyen qui ne soit, par lui-même ou par ses aïeux, à la fois un vainqueur et un vaincu ; toute idée de droit aura nécessairement disparu de cette société en démence, et chacun ayant toujours vu la force réussir, n'espérera plus qu'en elle ; de là à se promettre d'y recourir lorsqu'on aura du vague à l'âme ou qu'on sera gêné dans son petit commerce, il n'y a qu'un pas. Les historiens futurs ne seront pas embarrassés pour trouver l'épitaphe du tombeau, elle est gravée à l'avance : « *Ci-gît une nation abrutie par les révolutions.* »

Mais continuons notre histoire.

La République de 1848, après avoir pastiché les républicains de 1792 et côtoyé ceux de 1793, laissait le pays sans repos et sans lendemain ; la nation, fatiguée, alla chercher dans l'exil un héritier de ce soldat de fortune qui avait déjà rétabli l'ordre parmi nous, et lui demanda d'en faire autant. Pendant vingt ans, il s'acquitta bien de sa tâche, et au cours d'une guerre malheureuse, les révolutionnaires de profession renversèrent son trône.

La conscience publique fut profondément troublée ; au lieu de courber la tête comme autrefois, la nation la relève chaque jour ; loin d'acclamer les vainqueurs, elle les conspue, et leur victoire ressemble à une déroute. — Pourquoi ce changement ?

Un fait considérable et nouveau a frappé tous les esprits : sous le dernier Empire, la nation, par des votes répétés, est sortie du chaos révolutionnaire, elle s'est affirmée et n'entend désormais laisser à personne la faculté de parler pour elle : le droit est né parmi nous.

Jusqu'alors le vainqueur s'imposait en vaincu, car l'un et l'autre étaient illégitimes. Que pouvait reprocher à l'homme de Juillet l'homme de 1815 ? Pourquoi le républicain de 1848 triomphait-il si aisément des fonctionnaires de 1830 ? On le devine de reste, c'est qu'ils avaient tous trois même origine viciée par la violence, et qu'aucun d'eux ne puisait sa force dans l'assentiment de la nation, publiquement manifesté par un vote régulier.

Cette heureuse et si nouvelle situation nous donne un moyen de salut auquel tout le monde peut recourir, car il ne coûte rien aux scrupules de l'esprit de parti, et dont il faut se servir à tout prix, sous peine de rouler jusqu'au bout sur la pente fatale.

Qu'est-ce qui nous tue? C'est la Révolution; c'est elle qu'il faut tuer à son tour. Alors nous respirerons; les honnêtes gens auront la conscience dégagée et s'occuperont librement, au moment opportun, de créer un gouvernement définitif.

Nous sommes déjà entrés franchement dans la bonne voie, et le but n'est pas éloigné.

Voyez comme les procédés en usage sont déjà changés! C'était une règle invariable que les escaladeurs d'Hôtel de Ville déployaient superbement leur drapeau et couvraient la France entière de ses plis majestueux; pas une hésitation de leur part, pas un refus sérieux dans le pays attristé.

Combien différente est notre situation ! Le vainqueur n'était pas encore sorti de son fiacre traditionnel, qu'il était obligé de rendre hommage à ce droit outragé par lui-même ; la nation avait parlé et si récemment, qu'il était impossible de passer un si grand fait sous silence ; de là ce singulier spectacle d'un vainqueur qui doit tout à la violence, et qui s'en excuse, qui triomphe honteusement de son méfait, et qui, pour se faire pardonner, se trouve dans l'obligation de déclarer son pouvoir précaire et provisoire.

C'est la renaissance du droit parmi nous qui a produit ce phénomène ; usons donc de nos avantages, tirons de ce fait heureux toutes les conclusions légitimes qui en découlent ; que les honnêtes gens poursuivent et traquent dans leurs positions usurpées nos derniers révolutionnaires ; courons sus aux hommes du 4 Septembre, à armes courtoises s'entend, et ne nous reposons que lorsque nous les aurons tous rendus aux charmes de la vie privée ; donnons-leur le moyen et le loisir de nous accuser de manquer de logique. Qu'ont-ils fait de plus, en effet, que leurs devanciers de 1830 et de 1848? Pourquoi les honneurs à ceux-là et la honte pour eux?

Les malheureux sont bien capables de l'ignorer. Ils n'ont sans doute pas aperçu, en montant les degrés de l'Hôtel de Ville, la sainte image du Droit, qui leur barrait le passage, et ils oublient qu'ils l'ont méconnue et outragée : les premiers n'ont été que violents, ils furent sacriléges!

Du courage, donc!

C'est là notre besogne d'aujourd'hui ; nous penserons plus tard à celle de demain.

Je vous affirme que nous aurons rudement travaillé le jour où nous aurons démontré, par un fait éclatant, qu'une révolution peut bien troubler les honnêtes gens, mais ne saurait rapporter aucun profit aux révolutionnaires.

Il est probable que ce sentiment venant à faire son chemin parmi les masses, il n'y aura plus guère de révolutions.

LE RETOUR A PARIS

Il y a des gens qui souhaitent le retour du Corps législatif à Paris, parce qu'autrefois il y séjournait; il y en a qui le désirent parce qu'ils croient ranimer ainsi l'industrie parisienne; il y a enfin les politiques de profession, qui soutiennent cette cause pour faire leur cour à Sa Majesté le vrai souverain de la France, car, malgré ses malheurs récents, Paris est encore un très-gros client que les partis caressent pour exploiter son influence à leur profit.

On ne s'entendra jamais sur cette question, la plus importante peut-être entre celles qui sont à l'ordre du jour, tant qu'on ne voudra pas l'envisager sous deux aspects très-différents : 1° Ce qu'il convient de décider dans l'hypothèse d'un gouvernement régulier ; 2° ce qu'il convient de faire dans la situation confuse d'aujourd'hui.

Pour étudier la première question, il faut d'abord se rendre compte de ce qu'est Paris. On trouvera facilement ensuite la cause vraie des révolutions périodiques dont il est le théâtre.

Le dernier recensement officiel de la population parisienne (1866) porte à 1,800,000 le chiffre des individus qui vivent dans la capitale. Dans ce nombre, on trouve : 740,000 ouvriers et leurs familles ; 216,000 domestiques placés ou sans places et portiers ; 17,000 étudiants ; 50,000 gens sans aveu, de profession interlopes.

Il faut ajouter que cette grande ville est la cité la plus industrielle de France, celle par conséquent où les crises économiques sont le plus à redouter ; qu'elle contient un nombre considérable d'étrangers, un nombre aussi grand de repris de justice, qui sont plus ignorés dans cette fourmilière humaine que dans le désert ; il faut dire encore, sans crainte d'être démenti par le préfet de police, qu'il y a plus de 100,000 personnes à Paris qui se demandent chaque soir comment elles vivront le lendemain. Il y a donc là, incontestablement, une armée toute prête pour le mal ; or, l'existence d'une armée suppose toujours la bataille et parfois la conseille ; à un moment donné, il se trouve des chefs prêts à la commander.

Mais comment se fait-il que les éléments d'ordre ne prennent pas constamment le haut du pavé, et pourquoi les gendarmes ne font-ils plus leur devoir ? Il y a là un problème très-utile à résoudre, et d'autant plus intéressant qu'à toutes les époques il se présente avec des données constantes et des résultantes identiques ; de sorte que, dans ce coin de la politique, et par une bien rare exception, on peut arriver à conclure avec la certitude qu'on trouve dans les lois physiques.

En tout pays, le conservateur vit aux

champs et le révolutionnaire à la ville, — et ce n'est pas caprice. — Le paysan est pauvre ; ce qu'il gagne suffit à peine à le faire vivre ; le plus petit hasard, la plus petite perte peuvent le mettre à terre pour de longues années. Dans ce milieu, on n'aime pas les aventures ; d'ailleurs, tout conseille la ressemblance avec soi-même. On vit avec des gens que l'on connaît ; on les voit en partant pour le travail, on les trouve au retour. Le travail lui-même est constant et toujours semblable ; il se fait sur un terrain que l'on aime et qui ne varie pas ; la route qui le traverse, les arbres qui le bordent, les maisons qui l'égayent, tout cela est toujours à sa place. En passant sa vie au grand jour, sous l'œil de Dieu et devant ses œuvres éternelles, l'âme s'habitue au calme et à la patience. Voilà pourquoi le paysan est conservateur.

L'habitant des grandes villes, quand il est riche, vit dans de belles maisons qui ne lui appartiennent pas, et, quand il est pauvre, dans de misérables taudis ; il n'a ni air ni espace ; il est entouré d'une foule de voisins qu'il ne connait pas; en sortant de sa demeure banale, il est pressé par des masses d'hommes affairés qu'il n'a jamais vus et qu'il ne reverra peut-être jamais; il est passionné parce que tout est passion autour de lui; il aime le changement parce que tout change sur son chemin; il va vite parce que l'on court à ses côtés. Voilà pourquoi l'habitant des villes est révolutionnaire; obéissant à une force dont il n'est pas maître, le bourgeois, le rentier, l'homme paisible par excellence, fait cause commune avec les révolutionnaires de profession, et, sans s'en douter, leur prépare la voie; c'est là une conséquence inévitable de l'entassement des hommes dans un même lieu: la chaleur vient à l'esprit comme elle vient au corps; on fait jaillir du feu en frottant l'une contre l'autre deux masses inertes et froides; le frottement des esprits amène les mêmes résultats, et il en sera toujours ainsi tant qu'on n'aura pas trouvé un moyen d'isoler l'homme du milieu qui le presse et de l'empêcher de respirer l'air qui l'entoure.

Ce phénomène, cette conduite à contre-sens des gens qui ont tout intérêt à l'ordre, et qui, sans le vouloir et sans le croire, poussent au désordre, se révèle dans les faits avec une exactitude mathématique.

Dans les élections nombreuses dont Paris a été le théâtre depuis notre première Révolution, le système électoral a varié bien des fois; chaque gouvernement a eu le sien, et l'a choisi naturellement parce qu'il le supposait favorable à ses intérêts. Nous avons eu le cens à 300 fr. et à 200 fr. et le suffrage universel; on s'est servi de l'élection à deux degrés et de l'élection directe; on a vu fonctionner les grands colléges et les colléges d'arrondissement, le scrutin de liste et l'unité de nom. Tout a été essayé et rien n'a réussi; les résultats sous tous les régimes ont été absolument identiques; au début de chaque période révolutionnaire, les voix se répartissent naturellement sur les vainqueurs du jour; ils ne sont pas hostiles au gouvernement puisqu'ils en font pour ainsi dire partie, mais à mesure qu'on s'éloigne du point de départ, l'opposition s'accentue et devient bientôt générale. A partir de 1789 jusqu'en 1793, la loi est frappante et le pouvoir tombe chaque jour entre des mains moins faites pour l'exercer. C'est une chute qui tient du vertige, jusqu'au moment où l'on ne trouve plus d'électeurs qui votent, mais des citoyens qui se déchirent : la hache a remplacé le scrutin.

Ne parlons pas de l'Empire, parce qu'à cette époque le Sénat nommait les membres du Tribunat et du Corps législatif : arrivons de suite à la Restauration : dès 1817, le gouvernement n'a plus que 100 voix de majorité. (Ternaux, ministériel : 3,829. — Benjamin Constant, opposition : 3,749.)

Jusqu'en 1827, l'opposition gagne du terrain, et, à partir de cette époque, le gouvernement est vaincu presque honteusement. (J. Laffitte, Casimir Périer, de Schonen, Royer-Collard, le baron Louis, passent avec 6,690 voix, tandis que le gouvernement n'en obtient pour ses candidats que 1,110.)

Les élections de 1828 sont encore plus accentuées. Non-seulement l'opposition conserve sa supériorité incontestable, mais c'est la nuance la plus avancée de cette même opposition qui triomphe. (MM. M. Dumas, baron Demarçay, Eusèbe Salverte, de Corcelles, Chardel, Bavoux.)

C'est la révolution de 1830 avant la lettre.

Nous voilà sous un autre régime, la loi restera la même. Dès 1831, on compte déjà quatre opposants sur douze députés; de 1834 à 1837, les forces s'égalisent; mais, dès 1842, le Paris hostile à tout gouvernement reparaît de nouveau. La liste de l'opposition passe à une grande majorité (MM. Billault, Taillandier, Ganneron, Marie, Carnot, Moreau, Bethmont, Galis, de Jouvenel, Vavin, Boissel, de Lasteyrie).

En République, comme chacun le sait, les choses marchent vite. Aussi notre loi s'accuse-t-elle dès le début. Par suite de doubles élections, onze députés sont à renommer à Paris, et l'on remarque déjà parmi les élus des noms notoirement hostiles à l'ordre de choses régnant (Louis-Napoléon Bonaparte, Thiers, général Duvivier, Achille Fould).

En 1849, Paris fait des choix plus significatifs encore (général Bedeau, général Lamoricière, Rapatel, comte Roger du Nord, prince Murat) ; et puis, comme il faut pourvoir de nouveau à onze siéges vacants, par suite de doubles élections, la liste absolument hostile à celle du gouvernement passe tout entière (MM. le général de Bar, Boinvilliers, Louis-Lucien Bonaparte, Chambolle, B. Delessert, Ducos, Lanjuinais, Fould, général Magnan, de Malleville, Ferdinand Barrot).

Sous l'Empire, et comme d'habitude, la première élection amène des conservateurs ; dans la seconde, l'opposition compte quatre de ses membres, et dans la troisième, elle fait passer sa liste entière (MM. Carnot, Thiers, E. Ollivier, Ernest Picard, Garnier-Pagès, Guéroult, Jules Simon, Eug. Pelletan).

C'est la République en herbe.

Ainsi se trouve vérifiée notre loi : le

bourgeois, ami de l'ordre, le rentier paisible, sera toujours de l'opposition et trouvera moyen de nommer des républicains sous l'Empire et des impérialistes sous la République. La chose serait de mince importance si Paris n'avait pas en même temps le goût et le moyen de renverser tous les gouvernements auxquels il fait de l'opposition. Son goût, il ne faut pas espérer le changer : il tient à des causes physiques; mais il faut lui ôter les moyens de le satisfaire. Et, puisqu'il est certain que sa manière invariable de renverser les gouvernements est de jeter nos Assemblées politiques par les fenêtres de leur palais, la logique veut qu'on ne laisse plus sous sa main les Corps délibérants.

L'étude patiente et impartiale des faits contemporains veut qu'on éloigne nos législateurs de la capitale. Mais si l'on s'arrête un instant à nos malheurs d'hier, ce n'est plus un conseil, mais un ordre qu'ils donnent.

En effet, tant que les fortifications de Paris ont été regardées comme une assurance qu'on ne verrait jamais l'étranger sous ses murs; tant qu'on a pu croire que les difficultés d'un siége en éloigneraient jusqu'à la pensée, l'absurdité véritable qui consiste à concentrer tous les organes du pouvoir dans une place de guerre n'a pas frappé les yeux; mais aujourd'hui, il faut se rendre à l'évidence, on peut assiéger Paris, et du même coup, faire prisonnier le gouvernement de la France; il ne lui est pas moralement possible, dans de pareilles circonstances, d'abandonner la capitale, car il semblerait ainsi déserter le poste du combat : en abandonnant Paris, il y laisserait son honneur.

Quoi qu'il en coûte, il faut le dire aussi, le cœur du pays était déjà bien rapproché de la frontière ennemie, hélas ! il en est plus près encore.

Les faits militaires et les faits politiques tendent donc aux mêmes conclusions : il ne faut plus de Parlements à Paris !

Arrivons aux objections :

La tradition séculaire ! dit-on,

Quelle tradition ? Pourquoi faire paraître en cette matière les grandes figures de Henri IV et de Louis XIV? Est-ce que ces princes partageaient leur pouvoir avec un Parlement permanent?

Sans doute ils ont gouverné la France du milieu de la capitale. Qui dit le contraire, et propose-t-on de ne pas suivre leur exemple? Le chef de l'Etat trônera toujours à Paris, entouré de l'administration tout entière; mais ce n'est pas là qu'est la question : le Parlement peut être à Tours et l'exécutif à Paris; donc on ne heurte aucune tradition.

On met aussi en avant l'intérêt matériel de la capitale.

C'est peu sérieux, car la capitale peut avoir un très-réel intérêt à la présence du souverain et de ses ministres, mais n'en a aucun à retenir dans son sein une Assemblée, dont les accents, quand ils deviennent aigus, ont le privilége de faire trembler tous les gens paisibles et d'éreinter les cours de la Bourse.

On parle enfin de l'impossibilité matérielle de faire des lois à trente lieues de Paris.

C'est une autre plaisanterie que des adversaires rusés ont fait miroiter devant les yeux de quelques députés candides, peu versés dans les choses de l'administration.

Au surplus, ces candides ont été très-retors, car ils ont mieux fait que de combattre des arguments : ils ont prouvé depuis près d'un an que la chose est faisable, puisqu'elle se fait. On peut résumer cette longue dissertation par cette double question :

Y a-t-il un homme sensé et de bonne foi pour prétendre que, désormais, les choses restant en l'état, Paris ne fera plus de révolution ?

Y a t-il un homme sensé et de bonne foi pour prétendre que la province aurait le goût et le moyen de renverser le Parlement qu'on lui confierait ?

Cette réforme si inévitable, qui ne choque qu'un misérable esprit de routine, rendrait la Révolution impossible et remettrait notre pays en honneur dans le monde.

On en finirait du même coup avec les fanatiques, qui se précipitent un poignard à la main sur le chef de l'Etat pour obtenir un changement de gouvernement ; le meurtre lui-même ne servirait plus à rien. A défaut du prince, resterait le Parlement. En province, il sera la ressource du pays ; à Paris, il aurait été dispersé.

Mais, en voilà assez sur le définitif; disons un mot du provisoire.

Il est sans doute malaisé de conclure d'un gouvernement régulier à celui de Versailles, car dans un ordre de choses sérieux, le législatif et l'exécutif sont deux êtres séparés; mais aujourd'hui ils se confondent dans les mêmes mains, de sorte qu'il est très-difficile d'assigner à ces deux pouvoirs des lieux de séjour différents ; comme législateurs, nos députés font très-bien de ne pas rentrer à Paris ; mais, comme gouvernement, leur place y serait marquée.

Que faire donc ?

Peut-être y a-t-il, parmi nos honorables, des gens sournois qui, désespérant de trouver une solution à nos embarras, aimeraient assez Paris pour s'y faire enlever ? Je ne le sais pas et ne veux pas le savoir ; mais le plus sage encore est de ne pas y rentrer.

CONVERSATION ENTRE AMIS

SUR LE SUFFRAGE UNIVERSEL

L'impérialiste. — Messieurs, je vous ai réunis pour vous permettre d'exposer en toute sincérité vos griefs contre le suffrage universel.

Le légitimiste. — Je n'ai ni le temps, ni la prétention de vous dire tout ce que j'ai sur le cœur à ce sujet. Je veux me borner aux points saillants : — Depuis que ce mode de suffrage existe, les intérêts conservateurs de la société me paraissent mal protégés, et je crois trouver la raison de ce défaut dans ce fait que la grande propriété n'a pas la légitime et prépondérante influence qu'elle devrait avoir ; j'estime avec vous qu'il est difficile de revenir à un cens quelconque; mais le vote à deux degrés pourrait indirectement amener le résultat que nous recherchons, et nous nous en contenterions.

Le parlementaire.— Je suis pour le vote censitaire.

Il m'a toujours paru équitable en théo rie et bienfaisant dans la pratique, que celui qui possède ait plus de droits électoraux que celui qui n'a rien, et que les droits fussent, autant que possible, gradués suivant la fortune acquise ; le vote, en politique, doit ressembler au vote dans les Sociétés industrielles, où celui qui apporte le plus d'actions y a naturellement plus de voix. Ne vous semble-t-il pas que cette conduite soit plus impérieusement commandée quand il s'agit de décider, non plus seulement sur une affaire privée, mais sur la marche de nos affaires publiques ?

D'ailleurs, pour vous parler en toute franchise, je vous avouerai que, malgré toute ma modestie, il m'est impossible de me croire, en politique, l'égal de mon cordonnier ou du chiffonnier du coin, et je trouve souverainement injuste que leurs votes pèsent dans la balance juste autant que le mien. En fait de suffrage, il n'y aura jamais rien de sérieux tant qu'on n'aura pas trouvé ou retrouvé un moyen de n'adresser de questions qu'à ceux des citoyens qui paraissent en état de les comprendre, et, par suite, d'y répondre.

Si vous pensez, monsieur l'impérialiste, que les circonstances actuelles ne permettent pas de recourir immédiatement au cens, tout au moins faudrait-il modifier quelque peu le suffrage actuel, en reculant la majorité jusqu'à vingt-cinq ans et en exigeant de l'électeur quelques années de domicile.

Le républicain. — Pour moi, le suffrage est un droit, et tout changement qui a pour but de le restreindre n'est pas seulement une faute politique, c'est un attentat. Chaque citoyen paie des impôts, il faut lui donner les moyens de consentir cet impôt, et il ne peut le faire qu'en votant pour son député. Si vous lui retirez ce droit, cet homme n'est plus un citoyen, c'est une chose, comme au moyen âge.

Voilà la théorie pure, comme je la comprends; mais j'admets fort volontiers des tempéraments dans la pratique quotidienne : le suffrage universel suppose évidemment un certain degré d'instruction; or, il est avéré que beaucoup de nos paysans ne savent encore ni lire, ni écrire; je ne verrais donc aucun inconvénient à ce qu'on enlève, non pas le droit, mais la faculté de voter au citoyen, tant qu'il ne saura pas signer son bulletin.

L'impérialiste. — Je ne crois pas, messieurs, comme mon honorable ami le républicain, que nous soyons ici dans une question de droit étroit.

Il s'agit en cette matière de trouver le moyen de gérer la fortune publique au mieux de tous les intérêts, et si l'ensemble des citoyens estime que cette gestion sera plus heureusement faite par telle classe d'individus que par telle autre, ils lui abandonneront leurs pouvoirs. Une société est parfaitement maîtresse de se faire gouverner par une aristocratie théocratique ou guerrière, par une bourgeoisie de rentiers ou de lettrés, ou bien encore par le suffrage universel. Si l'on pouvait soutenir un moment la thèse contraire, il faudrait admettre qu'avant ces dernières années, les Français avaient été privés de leurs droits, et qu'aujourd'hui encore la grande majorité des peuples de la terre vit en dehors de toute légalité.

Examinons donc avec une entière liberté le problème que nous cherchons à résoudre, sans nous arrêter à cette fin de non-recevoir. Si j'ai bien compris la plupart des objections que je viens d'entendre, et si je cherche à pénétrer la raison de ces objections, il me semble que le grief le plus vivement articulé contre le suffrage universel serait celui-ci : il ne protége pas suffisamment les intérêts conservateurs de notre société.

C'est un grief qui m'étonne profondément, car je ne crois pas qu'on puisse reprocher à ce système électoral d'avoir manqué une seule fois à sa mission; dans les circonstances les plus difficiles, les plus douloureuses, dans les temps calmes comme dans les temps agités, toutes les manifestations du suffrage universel prises dans leur ensemble ont été conservatrices. Il est vrai que sous l'Empire, dans les dernières années, aussi bien que sous le régime actuel, le gouvernement s'est plu à gouverner avec les minorités et à délaisser la majorité ; alors, on a obtenu et on obtient encore tous les jours des résultats semblables à ceux qu'aurait donnés un système électoral vicieux ; mais, en bonne conscience, est-ce la faute du suffrage actuel, si on n'a l'air de le consulter que pour dédaigner ses indications ?

Que diriez-vous d'un voyageur qui, renseigné utilement par un poteau sur la route qu'il doit suivre, choisirait obstinément la direction contraire, et, naturellement mécontent de s'être cassé les reins, s'en prendrait au poteau et voudrait l'arracher ?

Ce qui rend ce mode de suffrage conservateur par excellence, c'est qu'il donne aux campagnes une influence prépondérante sur l'esprit ardent et parfois révolutionnaire qui règne dans les grands centres. Si l'on veut faire un pas de plus dans ce sens, il sera utile d'abolir au plus vite ce scrutin de liste qui jette la confusion dans l'esprit des votants et transporte en fait l'élection au chef-lieu du département. C'est là seulement que peut se préparer la liste que les électeurs, pour ne pas jouer le jeu de leurs adversaires, sont obligés de voter les yeux fermés ; le scrutin de liste fait, en vérité, peu de cas de l'indépendance de l'électeur.

Dans ce sens aussi, on peut accepter les deux amendements de mon ami le parlementaire, et je ne vois que des avantages à porter la majorité à vingt-cinq ans, et à exiger de l'électeur une certaine durée de domicile ; l'homme n'est complet, aux yeux de la loi, qu'à partir de cet âge, puisqu'elle lui permet seulement alors de se marier librement; c'est d'ailleurs un âge qui a pour lui la tradition la plus respectable : les Etats-Généraux de l'ancienne monarchie, qui, soit dit sans offenser mon ami le républicain, se servaient bien avant lui du suffrage universel, avaient adopté cette majorité pour les électeurs. Rappelez-vous l'article 25 du règlement fait par le roi Louis XVI pour la convocation des Etats-Généraux : «.... A ladite Assemblée auront le droit » d'assister tous les habitants composant » le tiers-état, nés Français ou naturali- » sés, âgés de vingt-cinq ans, domiciliés » et compris au rôle des impositions, » pour concourir à la rédaction des ca- » hiers et à la nomination des députés. » Il n'y avait d'exclus que les mendiants.

Mais la même raison qui peut engager le législateur à modifier ainsi le suffrage universel exige de lui qu'il repousse l'amendement présenté par mon ami le républicain. Il est certain, en effet, qu'un grand nombre de nos paysans ne sait pas encore lire, et qu'en nous privant de leurs suffrages, nous laisserions aux villes une supériorité fâcheuse. Vous voyez, messieurs, que je ne cache rien, et que je vous dis très-carrément la raison de mes préférences et de mes antipathies; par contre, s'il pouvait se rencontrer un personnage politique pour prétendre que la société française est trop conservatrice et pas assez révolutionnaire, il aurait parfaitement le droit de rétorquer un argument qui ne repose, jusqu'ici du moins, que sur des convenances politiques; mais il a de plus solides fondements, il existe en effet une différence essentielle entre les modifications que je conseille et celles que je repousse.

La majorité et le domicile sont des faits faciles à constater, la lecture et l'écriture sont des appréciations, et vous imaginez à quels abus l'esprit de parti pourrait se livrer : suivant la couleur politique dominante du jour, les examinateurs seraient coulants ou sévères, et il y a gros à parier que sous l'Empire presque tous les paysans auraient su lire, et que subitement frappés de cécité par la République, ils n'auraient plus su épeler leur nom.

C'est donc parce que le suffrage universel est si fort conservateur, que je le préfère à tout autre mode électoral et qu'il ne me déplairait pas qu'on augmentât encore sa force dans ce sens, en le modifiant sans l'altérer.

Aussi, mon ami le parlementaire, dont je viens d'adopter quelques amendements, ne sera pas surpris que je repousse absolument sa théorie de l'électeur censitaire; aucune objection en droit, soit! mais une réelle et tenace répugnance en fait; car cet électeur sera forcément, quelque faible ou quelque considérable qu'on suppose le cens, un tributaire de la ville; c'est un révolutionnaire en herbe, s'il n'est déjà complet à ses débuts; c'est l'homme par excellence des banquets et des réformes; il est de la race de M. Prud'homme et donnera toujours des leçons au gouvernement. S'il ne fait pas toujours des révolutions, il les prépare, quitte à les déplorer quand il les a faites.

Il en est de même de l'élection à deux degrés : elle présenterait les mêmes dangers, parce que les électeurs choisis ne seraient, sous une autre forme, que des censitaires et auraient les mêmes tendances et les mêmes appétits politiques. En effet, si 30,000 électeurs sont appelés à nommer directement un député, ils feront un choix très-probablement différent de celui qu'auraient fait les électeurs qui les ont institués.

Enfin, il faut bien répondre à cet argument de l'esprit de justice et d'équité méconnu, dit-on, par le suffrage universel.

« Nous ne voulons pas reconnaitre pour nos frères les fils de savetiers et de cordonniers, et il y a, d'eux à nous, toute la différence du maître au valet. »

Ainsi parlaient déjà les députés de la noblesse aux Etats-Généraux de 1614, en s'adressant aux membres du tiers-état ; ainsi le bourgeois d'aujourd'hui s'irrite de voir le vote du plus humble des électeurs égaler l'importance du sien.

Quand on tient ce langage, on se méprend complétement sur le jeu et la fonction d'un système électoral quelconque ; on suppose qu'un vote doit immédiatement dénouer telle ou telle question politique dans un sens déterminé, tandis qu'il a pour objet principal le choix d'un homme, que l'on recherche à droite, parce qu'il est conservateur, à gauche, parce qu'il est de l'opposition. Il y aurait, en effet, une véritable absurdité à vouloir que l'électeur fût au courant des questions si multiples et si ardues de la politique, avant de lui confier un bulletin ; et s'il fallait, sous toute espèce de système électoral, que le votant fût en état d'avoir un avis éclairé sur la question étrangère et sur la question intérieure, sur l'affaire des Lieux-Saints et sur l'impôt progressif, on n'aurait jamais eu l'idée de faire voter les gens. C'est un homme qu'ils nomment, ce n'est pas une question qu'ils résolvent, et, pour cette besogne, ils sont parfaitement renseignés, aussi bien au moins que le lettré et le bourgeois ; ils ont vécu toute leur vie dans le même milieu que le candidat qui se présente à eux, ils sont donc fort capables de l'apprécier, et croyez qu'ils ne se tromperont jamais sur la couleur politique générale de leur député.

Cependant, il reste désirable que l'électeur instruit ait plus d'influence que l'électeur qui ne l'est pas, et que cette influence s'augmente en raison même de ces lumières ; ni vous ni moi ne voudrions d'un système électoral qui réduirait notre force à la proportion de notre vote. La vérité d'aujourd'hui comme celle de tous les temps, c'est que chacun de nous, en raison de sa position, de sa fortune, de son honorabilité et de son savoir, a une importance qui varie et s'augmente avec chacun de ses facteurs ; sans doute, nous ne mettons qu'un billet dans l'urne, mais qu'importe ? si trente, quarante, cent de mes concitoyens attendent mon vote pour le copier, en réalité, j'ai trente, quarante ou cent voix, et il ne dépend que de moi d'augmenter chaque jour ma légitime prépondérance, et par suite le nombre effectif de voix dont je dispose réellement. Il en a toujours été ainsi ; sans cela M. Thiers ou M. Guizot aurait pu légitimement s'indigner de n'avoir qu'un bulletin de vote, comme l'épicier du coin ou le petit mercier d'en face, qui payaient comme eux 200 francs d'impôts; et aujourd'hui même, vient-il à la pensée d'un candidat, en tournée électorale, d'aller visiter un à un tous les électeurs ? Est-ce qu'il ne sait pas qu'en obtenant l'adhésion de deux ou trois gros personnages de l'endroit, il est moralement sûr d'avoir le village tout entier?

Vous voyez donc qu'en fait ces deux ou trois électeurs disposent chacun de 100 à 200 voix.

En résumé, le suffrage universel n'est pas un droit, mais c'est un système électoral très-conservateur; on peut le modifier dans ce sens en fixant la majorité à vingt-cinq ans, en tenant la main au vote à la commune et en supprimant le scrutin de liste ; le cens, si faible qu'on le suppose, l'élection à deux degrés, l'obligation de savoir lire sont des modifications dangereuses, parce qu'elles transportent des campagnes aux villes toute l'influence politique.

Le parlementaire à l'impérialiste (à part). — Vous savez, mon cher, que si je ne me rends pas à tous vos arguments, je n'ignore pas du moins qu'il n'y a de sérieux que votre parti et le mien ; cette malheureuse République est en train de s'achever, et ces braves hobereaux sont gens du temps passé. (Il sort.)

Le légitimiste à l'impérialiste (à part). — Avec vous, on pourra toujours s'entendre, car nous représentons tous deux un principe. La République, c'est le désordre, et les d'Orléans, rien du tout. (Il sort.)

Le républicain à l'impérialiste (à part). — Vous et moi, nous sommes la démocratie ; je ne crains que vous. (Il sort.)

L'impérialiste (en fermant la porte). — Ces gens-là sont charmants pour moi ; le second sur la liste de tout le monde passera toujours le premier.

LES

CHEMINS DE FER SOUS LA RÉPUBLIQUE [1]

Messieurs,

Vous avez une grande tâche à remplir : on a remis entre vos mains le plus beau joyau de la couronne industrielle de la France, et vous serez bientôt dans le cas de le défendre contre ses ennemis ; ne croyez pas qu'on se bornera à demander votre avis sur la difficulté présente de l'encombrement des transports; en ce temps de Parlement, les ministres sont naturellement fort occupés à discourir et n'ont guère de temps à donner à ces longues études d'où sortent les décisions fortes et

(1) Lettre adressée aux membres de la Commission des chemins de fer de l'Assemblée nationale.

bien motivées; aussi, par la même raison qu'on s'est déchargé en votre faveur d'un petit embarras, il faut vous attendre à être saisis de bien grosses questions que l'on voit poindre à l'horizon, et qui ne feront que passer au cabinet du ministre pour s'étaler sur votre table verte. Serrez bien contre votre cœur ce bijou précieux, car les larrons ne sont pas loin. Vous ne connaissez peut-être pas l'argument tout-puissant dont on va se servir comme d'une pince pour forcer la serrure de l'écrin; permettez donc à un inconnu de vous donner à ce sujet un conseil qu'il croit bon, et excusez sa prétention, en considérant la patriotique anxiété qui le pousse.

On ne comprend rien en cette matière, si on ne consent d'abord à élever le regard au-dessus des chiffres et des questions techniques.

La situation des Compagnies de chemins de fer est un baromètre assez fidèle de la politique du pays; il n'est pas d'industrie qui soit plus sensible aux courants du jour et qui les reflète avec plus d'exactitude. Vous n'ignorez pas sans doute, messieurs, que nous sommes en pleine démocratie, et tout autant lorsque nous vivons en monarchie que lorsque nous essayons de vivre en république. Il y a toutefois entre ces deux états une notable différence ; quand la monarchie est forte et capable de maintenir les mauvais instincts, l'envie, ce vice capital de toute démocratie, est obligée de se taire; lorsque la monarchie s'appuie sur une base étroite et discutée, quand elle est faible, le démon commence à faire des siennes, et, s'il n'a pas encore la puissance de s'imposer, il réussit au moins à neutraliser toutes les bonnes résolutions ; c'est l'époque où, ne faisant rien, les gouvernements peuvent encore prétendre ne pas faire de sottises. Mais lorsque la République s'est implantée dans le pays, sans son assentiment (il n'y a pas encore d'exemple, en France, de République consentie), alors toutes les digues morales sont rompues; l'envie, comme un ouragan terrible, souffle sur la société et prétend tout courber sous son triste niveau.

Soyez assurés, messieurs, que toutes les misères qu'ont eues à subir les Compagnies de chemins de fer viennent de ce côté, que c'est avec cette arme qu'on a battu en brèche leur existence, si utile à la prospérité publique; ayez sans cesse sous les yeux de l'esprit cette incontestable vérité si vous voulez résoudre en hommes d'Etat les grands intérêts qui vous sont confiés.

Vous vous rappelez les difficultés du début : c'était au temps où le Parlementarisme florissait; chaque député étant souverain, voulait naturellement que la ligne projetée passât par son département. Comme le gouvernement n'était pas le plus fort, et ne pouvait pas cependant exécuter une ligne qui eût été un zigzag gigantesque, il prit le parti de ne rien faire du tout; si bien qu'après quinze ans de discussions, on s'était à peine mis à l'ouvrage.

Pour être indulgents à la République de 1848, n'en disons rien et arrivons à l'Empire, où les choses changent radicalement d'aspect. A cette époque, on concéda à chaque Compagnie la région comprise dans le bassin d'un de nos grands fleuves, et on lui assura cette exploitation pendant quatre-vingt-dix-neuf ans. Les cahiers des charges étaient assurément très-sévères, et le gouvernement s'était réservé des droits énormes, écrasants même, s'il avait voulu en faire usage ; mais il en usa avec modération, comme le font toujours les êtres forts. En quelques années toutes les grandes lignes furent achevées.

Dans une atmosphère politique où l'on aime la grandeur et où on la pratique, où l'on ose la conseiller et la protéger chez les autres, les mauvaises et les petites passions désespèrent de faire entendre leurs voix haineuses.

Les résultats d'une pareille conduite furent ceux qu'on en devait attendre et qu'on en obtiendra toujours : la prospérité amena l'abaissement des prix, et, en moyenne, sans aucune exigence de l'administration, obéissant à la seule loi de leurs propres intérêts, les Compagnies transportèrent à 40 0/0 au-dessous de leurs tarifs.

Nous avions réussi à couvrir notre sol d'un réseau dont la construction faisait l'admiration de l'étranger, qui transportait plus économiquement que tous les autres, et qui assurait aux voyageurs une sécurité plus grande qu'aucune entreprise de même nature; ce magnifique instrument donnait en outre de très-beaux profits, et l'Etat, qui en est propriétaire, s'en réjouissait; il calculait que, dans un temps déterminé, ces bénéfices couvriraient l'intérêt de notre dette publique.

Que de titres à l'admiration, mais que de titres aussi à la démocratique envie! bien sotte en même temps, car, en vérité, elle se bat ici contre des moulins à vent! Ces braves gens, qui s'en vont partout déblatérant contre l'omnipotence des Compagnies, sont absolument dupes de la plus grosse erreur du monde; ils voient de grands et magnifiques hôtels où s'installent de beaux messieurs qui gagnent de gros appointements; ils apprennent que ces fonctionnaires d'une nouvelle espèce commandent à de véritables armées d'employés, et ils en usent avec les Compagnies comme ils le font avec tout ce qui est riche et puissant ; et cependant, pour un gros actionnaire, il y a des milliers de petits, et c'est en réalité contre une foule de très-modestes bourgeois qu'ils s'évertuent de la sorte.

Vous vous rappelez cette grande bataille au sujet des tarifs différentiels? Que de flots d'encre ont coulé à ce sujet ! que de développements oratoires dans les Chambres ! Si on avait eu affaire à un petit entrepreneur de transports, on n'eût même pas soulevé la question. Tout industriel digne de ce nom sait bien qu'un transporteur de quoi que ce soit a impérieusement besoin de cette faculté pour vivre, et que si on le réduisait à travailler proportionnellement, il serait ruiné en quelques années. Depuis l'humble charrette qui, dans nos campagnes, visite à pas lents toutes les fermes du canton, jusqu'aux nombreux vaisseaux des

Messageries impériales et transatlantiques, on a toujours reconnu aux entreprises de cette nature le droit le plus incontestable à faire payer moins au client qui assure de plus gros bénéfices, soit en donnant plus de marchandises à transporter, soit en leur faisant faire un plus long trajet ; mais il y avait de grands hôtels, mais il y avait de beaux messieurs à équipages ; il fallait bien que le râteau démocratique passât par là ; il y a usé ses dents parce que la société était capable de se défendre. Qui oserait affirmer qu'on gagnerait aujourd'hui cette bataille?

On en gagna une autre tout aussi importante.

Des gens désireux de se créer de belles situations, ce qui n'a en soi rien que de très-légitime, imaginèrent de monter nombre de Compagnies nouvelles, dont ils devaient être naturellement les chefs. Ils s'adressèrent à l'Etat, et, au nom de l'égalité, réclamèrent de lui les avantages qu'on avait concédés aux fondateurs des premières entreprises. Le prétexte, il s'étalait partout. Pourquoi, disait-on, priver les localités de moindre importance de ce grand instrument de prospérité? Ces malheureuses contrées n'avaient-elles pas autant de droits que d'autres? Est-ce qu'elles ne payaient pas l'impôt qui avait servi à construire, chez ses voisines, ces voies rapides et économiques?

Vous le voyez, messieurs, c'était toujours le même sentiment que l'on mettait en avant; pourquoi les petits n'auraient-ils pas autant que les gros, et que devient dans ce partage inique l'égalité devant la loi et devant l'impôt? Les raisons à opposer à cette stupide prétention ne manquaient assurément pas; mais si l'esprit désarme facilement, les passions sont plus âpres.

Aussi il fallut répéter bien longtemps, et dans les livres, et dans les brochures, et à la tribune, que l'Etat ne s'était engagé envers personne à construire, ou à laisser construire, des voies ferrées sur tous les points de la France; qu'il y avait des intérêts généraux qui avaient amené la construction des routes impériales, et que personne ne s'était cru autorisé à réclamer que ces routes passassent au milieu de chaque chef-lieu de canton; que les mêmes intérêts généraux avaient engagé l'Etat à créer des canaux et qu'on aurait traité franchement d'imbécile le réclamant du droit au canal pour sa petite localité. Comme nous étions à cette époque sous la protection d'un gouvernement sérieux, on se le tint pour dit, et il fut convenu qu'il y aurait des voies ferrées d'intérêt général, d'intérêt départemental et même d'intérêt privé, mais que ces entreprises n'auraient droit qu'à l'appui de ceux qui y étaient intéressés.

Attendez-vous prochainement, messieurs, à voir renaître, sous une autre forme, ces opiniâtres prétentions, et aujourd'hui que le provisoire gouvernemental semble déserter son rôle de protecteur de l'ordre, il ne serait pas étonnant qu'on voulût donner à votre précieuse cassette les plus rudes assauts.

C'est un commencement, que cette petite querelle de l'insuffisance actuelle des transports, et si vous n'aviez qu'à détendre un client ordinaire, un citoyen ou une Société de droit commun, votre tâche serait assurément des plus simples : vous répondriez que si le transporteur ne suffit pas à sa tâche, il est vraiment absurde de l'accuser de mauvais vouloir, puisqu'il a tout intérêt à transporter le plus possible ; que ses moyens d'action ont été diminués par des cas de force majeure, et que si on exigeait de lui qu'il construisît pour un cas donné, exceptionnel s'il en fût, autant de véhicules qu'il en faudrait, il se ruinera au grand détriment de tout le monde ; qu'on n'a jamais fait un grief à la Compagnie des Petites-Voitures par exemple, de n'avoir pas assez de fiacres pour un jour de courses ou de grande cérémonie quelconque ; car si elle avait le nécessaire ce jour-là, elle aurait un énorme superflu pour le courant de ses besoins ; que, d'ailleurs, si on veut forcer la main aux Compagnies, elles relèveront leurs tarifs, qu'elles ont volontairement abaissés aux jours de prospérité ; que le public, au lieu de payer des prix raisonnables, sera servi plus chèrement que par le passé, ce qui serait autrement fâcheux que d'éprouver un retard dans la livraison de ses marchandises.

La querelle finira par des concessions insignifiantes, qu'en l'absence de plus importantes, qui sont impossibles, vous présenterez au public comme quelque chose de sérieux.

Mais méfiez-vous du souffle démocratique et de toutes les complaisances que l'on ne manque pas de rencontrer en certains temps, quand il s'agit de faire le procès aux grandes existences; on vous dira, peut-être l'ont-ils fait déjà : Eh bien! puisque ces monopoliseurs sont intraitables, montrez-leur votre indépendance et votre force; la loi permet de faire des concessions nouvelles; entrez hardiment dans cette voie, et vous verrez bientôt ces superbes à votre merci.

Le fait est que c'est un argument radical, et qu'on ne voit pas bien comment on pourrait faire plus réellement et plus sottement un mal plus profond à ces grandes Compagnies. Le réseau actuel de chacune de ces Sociétés ressemble assez, par sa configuration géographique, à un arbre immense dont le tronc serait couché sur la berge d'un grand fleuve, les grosses branches et les menues s'étendant à droite et à gauche, sur les vallées de moyenne et de petite étendue ; naturellement le tronc, ou la ligne principale, est la fraction du réseau qui rapporte les plus sérieux profits ; les gros rameaux ou le deuxième réseau suffisent à peine à leurs frais, et les menues branches ou le troisième réseau sont en perte.

Si on vous propose la jolie affaire ci-dessus, on ne vous demandera que la concession d'une voie parallèle à celle du premier réseau Et alors il arrivera, cette monstruosité économique venant à voir le jour, que la Compagnie ancienne et la nouvelle se partageront le trafic dans des proportions déterminées, et que, mues par le plus impérieux des besoins, celui de ne pas transporter à perte, non-seulement elles ne baisseront pas leurs prix, mais auront une tendance constante à les relever. La Compagnie nouvelle va-t-elle s'encombrer de wagons qui ne lui serviront qu'à des jours exceptionnels pour donner satisfaction aux réclamations d'aujourd'hui? Point. — Ces deux Compagnies se partageront les wagons, comme elles se partageront les trafics, et l'insuffisance accidentelle sera toujours la même. On n'aura donc rien fait de bon, mais on aura fait un mal irréparable.

Les Compagnies actuelles, vous le savez, ont reçu, en 1857, un *cadeau* énorme de lignes de deuxième et de troisième ordre à construire, si bien que deux ans plus tard, en 1859, succombant sous le poids de ces *faveurs*, elles ont été obligées de demander à l'État une garantie d'intérêt pour les sommes qu'elles allaient employer à la confection de ce troisième réseau; on stipula, il est vrai, que, dans le cas où l'ancien réseau aurait des profits dépassant une certaine limite, ils feraient retour à l'État. C'est ce qu'en terme du métier on appelle le *déversoir*.

Aujourd'hui déversoir et garantie d'intérêts fonctionnent régulièrement, mais dans des proportions fort inégales, de sorte que l'Etat est obligé de venir annuellement au secours de ces Compagnies. Si bien qu'en brisant ce merveilleux instrument, on n'aurait même pas la pitoyable satisfaction d'en ruiner les actionnaires : c'est l'État, et l'État seul, qui paierait les frais de cette triste campagne.

J'ai terminé, messieurs, cette trop longue lettre. On m'affirme que vous n'êtes pas bonapartistes, — ce qui n'est pas un crime, mais ce qui est étonnant puisque vous êtes des gens d'ordre, — et que la grandeur et la prospérité des Compagnies de chemins de fer, rappelant inévitablement le souvenir de l'Empire, vous seriez mal disposés pour elles.

Je ne crois pas à cette petite méchanceté ; en tout cas, je vous supplie respectueusement d'oublier l'auteur ou les auteurs de ce beau monument, et de ne pas permettre que l'on gâche, sans motif, l'instrument le plus puissant de notre prospérité.

SUPPLIQUE

ADRESSÉE A L'ASSEMBLÉE NATIONALE

PAR UNE RÉUNION DE NOTABLES PROVINCIAUX

Messieurs,

La France vous a élus pour conclure la paix et faire régner l'ordre : la première et la plus douloureuse de ces tâches est accomplie depuis longtemps ; malgré les vœux et les efforts de la grande majorité d'entre vous, la seconde reste inachevée.

Divisés par les opinions politiques, mais réunis dans un sentiment commun de résistance aux idées et aux pratiques révolutionnaires, vous pouviez, sur ce terrain neutre, satisfaire et rassurer le pays. Vous ne l'avez pas fait !

Vous ne l'avez pas fait, parce que le

gouvernement vous a abandonnés : au mépris de ses engagements, il a déchiré le pacte de Bordeaux ; il a déclaré publiquement ses préférences pour une forme déterminée de gouvernement, après avoir juré de tenir la balance égale entre toutes. Son ardeur inattendue pour la République le rend le complice et l'appui des fauteurs de désordre ; le pays régulier a horreur des hommes du 4 septembre, il les maintient presque partout en place, et quand il faut recourir à l'élection, c'est encore pour les candidats de cette nuance qu'il affiche hautement ses préférences.

Cette détestable politique a eu ses inévitables résultats : la France n'a plus d'alliances en Europe, et n'en retrouvera pas, tant que nous resterons dans un provisoire si inquiétant pour elle. En voyant le pouvoir caresser secrètement les plus mauvaises passions, et leur faire appel au besoin pour grossir le nombre de ses adhérents, en constatant qu'il ne demande qu'une certaine modération de langage, et qu'il se borne à habiller décemment le désordre, les cabinets étrangers, qui ne sont pas dupes, restent froids et attendent ; nos ennemis se réjouissent tout haut, et nos amis consternés n'osent plus se permettre un sourire d'amitié dans la crainte de paraître bienveillants.

A l'intérieur, les conservateurs ont enfin vu clair dans le jeu du gouvernement; ils s'éloignent avec tristesse du candidat qu'il leur présente, et l'abstention est devenue si générale et si intense, qu'elle aura bientôt la signification d'un vote; en attendant, les violents des grandes villes font partout passer leurs gens. Cette criminelle conduite du pouvoir venant à durer quelques mois encore, tout le Midi de la France sera la proie des rouges.

En présence d'un danger qui ne menace pas que nous, hélas ! les bataillons de nos ennemis vont s'ébranler, car ils prétendent avoir besoin de nouvelles sécurités pour leurs créances compromises, et il se peut que nous assistions à ce déchirant et honteux spectacle d'une Assemblée française, étouffée entre le flot montant de la révolution et le flot descendant de l'invasion ; car elle est le but que visent à la fois les deux adversaires, et c'est dans la salle même de ses délibérations que le vainqueur prétend dicter ses conditions au vaincu.

Si les bonnes finances sont filles de la bonne politique, il nous sera bien difficile de trouver les ressources énormes dont nous avons besoin pour notre libération définitive : qu'est-ce que le crédit d'un gouvernement sans lendemain ?

Voilà, messieurs, la politique à laquelle vous vous associez tous les jours ; vous le faites, sans le vouloir assurément, en le regrettant au contraire avec une amertume que chacun comprend ; vous le faites cependant, et le pays qui vous juge vous tient pour responsables.

Le secret de cette conduite pleine de contradictions apparentes est facile à pénétrer. M. Thiers est seul en face de vous ; sa force vient de la solitude qu'il a su faire autour de lui. Au temps où l'on se berçait à Versailles de l'espoir de la fusion des deux maisons de Bourbon, le maître était plus facile : la branche cadette étant devenue un moment incommode, on l'a jouée, et l'on est resté omnipotent ; devant la menace de ce Jupiter bourgeois, vous êtes réduits au silence, et une indisposition réelle ou simulée de ce malin vieillard vous jetterait à ses pieds.

Si vous voulez relever votre dignité compromise et recouvrer une action légitime sur les destinées de votre pays, il faut impérieusement trouver un terrain solide où vous serez respectés.

A défaut de prétendants, messieurs, il reste encore un maître à servir : c'est la France.

Qu'un certain nombre d'entre vous prennent hardiment cette thèse, et avant deux mois ils auront entre les mains toutes les forces vives du pays ; qu'une fraction de la majorité arbore ce drapeau ; qu'elle dise tout haut ce qui se répète déjà partout, à demi-voix, et devant ce prétendant d'une nouvelle espèce, M. le président de la République deviendra aussi souple qu'on le voit intraitable.

Faites-lui comprendre, chaque fois qu'il voudra s'opposer à vos vues conservatrices, que vous êtes décidés à mettre la France en demeure de choisir un gouvernement définitif, et vous le conduirez où il vous plaira de le conduire ; — c'est un terrain où il ne vous suivra jamais, et la crainte d'y être amené vous le livrera pieds et poings liés.

Nous vous parlons, messieurs, de l'appel au peuple, et non de la convocation d'une Assemblée constituante ; ce dernier moyen ne répondrait pas au but principal que vous devez poursuivre : la restauration de votre indépendance ; M. Thiers, pouvant, en effet, se flatter d'obtenir une délégation nouvelle favorable à ses vues, n'aurait aucune raison d'entrer aujourd'hui dans les vôtres. L'influence des fonctionnaires actuels serait certainement acquise à tous les ennemis de votre sage politique, et vous pourriez vous retrouver en minorité très-accusée dans la Chambre nouvelle.

Dans la nomination d'un député, mille considérations personnelles d'électeur à candidat peuvent influer sur le vote; son honorabilité, sa bonne situation dans la contrée, ou bien encore son défaut d'honorabilité et sa mauvaise situation le recommandent aux efforts de son parti; bien des circonstances accessoires peuvent ainsi noyer la question politique dans une question de personne; de sorte que l'élection des membres de la Constituante pourrait amener une masse de députés flottante, indécise, sans mandat bien défini, et qui serait ainsi à la merci des événements et des habiletés parlementaires; pas de solution.

Avec l'appel au peuple, il ne faut rien craindre de semblable: le lendemain du vote, tout sera terminé.

Nous ne vous conseillerons pas davantage, messieurs, d'en finir vous-mêmes avec ce provisoire qui nous tue et de constituer de vos propres mains; votre sagesse vous a éloignés de ce parti; vous aviez l'incontestable pouvoir de le prendre, mais avec un tact politique que l'on rencontre rarement dans des réunions d'hommes aussi nombreuses, vous avez évité ce danger. Droit et pouvoir sont, en effet, choses fort différentes; grâces vous soient rendues pour l'avoir compris!

Vous vous êtes rappelé à propos l'épouvantable pression des événements au moment de votre élection et cette exclusion en masse de tout l'ancien pays élu, décrétée par les dictateurs de l'époque, et ce souvenir vous a engagés à la réserve Votre sagesse, dont nous ne voulons point diminuer le mérite, a été d'ailleurs heureusement secondée par un fait matériel dont les gens pratiques savent toujours tenir compte; en se plaçant un moment dans l'hypothèse d'une constitution à faire, on s'est demandé si l'on était exactement renseigné sur les vœux de ses commettants, et comme il est certain que les électeurs n'ont pu répondre à une question qu'on ne leur a pas adressée, il a fallu se rendre à l'évidence, et ne pas courir le risque de donner à la France une constitution en désaccord avec ses préférences.

Pour conquérir votre indépendance

au grand profit des hommes d'ordre, vous aviez les prétendants : ils ne sont plus. La convocation d'une Assemblée nouvelle est un moyen inefficace et dangereux ; le sentiment éclairé de votre incompétence vous empêche de vous constituer vous-mêmes.

Il ne reste donc qu'un moyen de salut, et pour vous et pour nous : la consultation demandée au suffrage universel.

Ne craignez rien de lui, messieurs ; à toutes les époques, dans les circonstances les plus difficiles et les plus périlleuses, il n'a jamais mis au jour que des majorités conservatrices ; fouillez dans tous nos drames contemporains, et vous ne trouverez pas une exception à cette loi constante. N'êtes-vous pas, d'ailleurs, la preuve vivante de cette vérité ? Lorsque vous avez été élus, la nation était absolument livrée aux brouillons et aux phraseurs ; elle était fatiguée, exaspérée par nos revers. Que d'excuses pour la paresse qui laisse tout faire, et pour la violence qui peut tout oser ! Et cependant, en ce temps de République, le pays a couru aux urnes, et y a laissé tomber un vote monarchique. Devant l'appel au peuple, les petites passions locales s'effacent; le fait général et la grandeur de l'événement saisissent tous les esprits; on se sent dans la main une arme décisive et l'on est désireux de s'en servir. Soyez-en certains, les conservateurs, tenus depuis si longtemps à l'écart par les efforts du gouvernement, qui ne leur présente que des choix inacceptables, courront tous à l'élection, et la France sera sauvée!

Nous ne voulons pas nous arrêter, messieurs, à la crainte où vous seriez de voir revivre un régime politique qui n'aurait pas vos sympathies; car ceux qui soutiennent ce régime acceptent par avance le verdict de la nation.

Vous avez sous les yeux les désastres qu'ont amenés les révolutionnaires en retardant la convocation de l'Assemblée nationale. Il ne faut pas que les conservateurs commettent une pareille faute ; car à refuser au pays le moyen de terminer la guerre et à lui dénier le droit de choisir son gouvernement, les périls peuvent être les mêmes.

Mais cette grande et finale consultation de la France s'imposera d'elle-même quand le moment sera venu. Ce que nous vous demandons seulement, c'est de prendre en main ce drapeau, et de l'agiter dans le Parlement et non dans le pays; il fera tomber toutes les résistances qu'on oppose aujourd'hui à votre politique conservatrice, et fera rentrer l'ordre dans notre malheureux pays.

Que Dieu vous éclaire, messieurs! Vous voulez le bien et vous pouvez le faire!

A l'œuvre donc!

LA PRESSE ET LE JURY POLITIQUE

L'idée du jury politique est bonne; mais si l'on en croit ce qui se dit, les dispositions juridiques qui lui font cortége seraient des plus médiocres.

La législation ancienne serait à peu de chose près respectée, et l'on n'y changerait que le juge. Agir ainsi serait démontrer qu'on n'a rien compris à la portée philosophique de la loi qu'on va faire.

Le jury politique est né, non pas seulement de l'insuffisance avérée des lois sur la presse, au point de vue de la répression; elle est la résultante de l'ensemble des discussions si nombreuses et si passionnées que ce sujet a provoquées dans les Chambres depuis plus de quarante ans.

Le plus clair de ces controverses, c'est la preuve qu'aucun de nos gouvernements depuis cette époque n'a été dans le vrai, et que s'il y a une manière assurée, non pas de faire un chef-d'œuvre, mais d'éviter des sottises, c'est de ne pas continuer leurs errements.

Avant la loi sur la presse, on avait la Bastille ; c'était simple et efficace, mais ce serait d'une application un peu délicate aujourd'hui.

La Restauration, dans un sentiment libéral, mais peu éclairé, a manqué le but qu'elle poursuivait.

Le législateur de cette époque, en confondant les crimes et les délits commis au moyen de la presse avec les crimes et les délits de droit commun, a été la cause, assurément involontaire, de cette lamentable confusion au milieu de laquelle nous cherchons à nous débrouiller depuis si longtemps. Sans doute, au regard du particulier, de l'homme privé, la presse peut commettre des délits de droit commun dont il faut qu'il puisse obtenir, devant les tribunaux, la réparation légitime. Mais au regard de l'Etat, dans ses querelles avec l'homme public, l'écrivain ne commet ni crime ni délit ; il peut être un danger qu'il faut savoir prévenir, c'est là tout. Avec cette simple distinction qui ressort virtuellement de tous nos récents débats, on fera une bonne loi.

On l'a dit cent fois, mais il parait qu'il faut le redire encore : il est impossible de formuler juridiquement ces prétendus crimes et délits ; tous les législateurs, tous les jurisconsultes y ont perdu leurs peines et leur science.

Qu'est ce qu'un crime qu'on poursuit ou qu'on ne poursuit pas, selon les cas. les hommes et la politique du jour? Pourquoi poursuit-on à Bordeaux et pas à Paris? Pourquoi le criminel d'hier est-il ministre le lendemain ?

Au point de vue du droit, cette thèse ne supporte pas l'examen ; et en l'appliquant, on a n'a réussi qu'à compromettre inutilement la magistrature. Les balances de la Justice risquent fort de ne jamais se tenir en équilibre dans un pareil milieu.

C'est là un point qui semblait acquis pour toujours, et aussi bien lorsqu'il s'agit de police correctionnelle que de jury ordinaire. Ce dernier, par son incurable faiblesse, par sa conduite à rebours du sens commun, condamnant avec rigueur quand le pouvoir est fort et qu'il n'a pas besoin de protection, acquittant toujours quand il est faible et qu'il conviendrait de venir à son aide; ce jury, que l'on dit assez justement être l'image fidèle de la société, peut être représenté, en effet, avec un miroir à la main, tandis qu'on lui souhaiterait un frein et non ce ridicule instrument de justice. Que diriez-vous d'un homme d'Etat qui n'emploierait ses gendarmes que dans les moments où tout est en sécurité, et qui les ferait rentrer aux casernes dans les jours sombres? Le jury ordinaire, en matière de presse, a certainement été inventé par ce Prud'homme.

Il encourt, d'ailleurs au premier chef,

le reproche que l'on fait à la police correctionnelle, car c'est encore la magistrature qui décide, s'il y a lieu, à poursuivre ; et dans un procès de presse, c'est à ce moment qu'apparait surtout la question politique.

Au point de vue pratique, la thèse du droit commun appliqué à la presse est rigoureusement détestable. Tout le temps qu'on l'a appliquée, la répression non-seulement a été nulle, mais a tourné directement contre le but qu'on se proposait. En partant d'un point faux, on a été obligé de demander la répression aux tribunaux de droit commun, et il n'y a pas d'exagération à dire aujourd'hui que ce sont les procès de cette nature et les condamnations intervenues qui ont fait le plus clair de la popularité de nos hommes d'opposition.

On a calculé plaisamment le nombre de poursuites nécessaires pour transformer un écrivain obscur et de médiocre talent en un homme important, aspirant aux plus hauts emplois de la politique et les obtenant, et l'on a découvert dans cette statistique de fantaisie que deux ou trois condamnations, arrivant à propos, pouvaient créer la popularité d'un journal et la fortune de son directeur; qu'avec cinq ou six, un publiciste peut aspirer à la députation, à l'Institut, au ministère même, et que, les temps s'y prêtant, on fabrique aussi par ce moyen et à bon compte de véritables héros populaires.

La monarchie de Juillet n'a rien inventé à ce sujet, et les lois de 1835 ont essayé en pure perte de faire un peu plus de sévérité.

Ne demandons rien de sérieux à la République de 1848, et arrivons à l'Empire.

Soit par la simple pression des circonstances, soit par une intelligence supérieure du sujet, on a approché du but. Le ministre politique, et non le ministre de la justice, était armé d'un pouvoir redoutable; il pouvait, après avoir averti trois fois l'écrivain qui sortait de la modération, frapper de peines très-réelles la propriété même du journal. L'idée philosophique était incontestablement juste : plus d'ingérence de la magistrature dans ce domaine réservé; pas de délit, dans le sens juridique du mot; il y a en face du pouvoir politique un écrivain qui le discute, qui peut le faire utilement ou avec danger pour la sécurité de tous; c'est le pouvoir politique qui sera chargé d'en connaître et de juger. Ce système montra dans la pratique un danger qu'on n'avait pas prévu : on a bien dit et répété, depuis cette époque, que l'arbitraire du gouvernement en cette matière était attentatoire à la liberté du citoyen; ce pouvait être, en effet; mais, de l'avis de tous, l'arbitraire fut très-doux, et toutes les thèses sérieusement discutées furent absolument permises.

Mais le danger peu connu encore aujourd'hui, quoique très-réel, vint de l'étranger. Le gouvernement paraissant avoir dans sa main la direction des journaux, fut parfois fort embarrassé de répondre aux susceptibilités que montraient certains cabinets en présence d'articles non inspirés assurément, mais dont on semblait responsable, puisqu'on avait le pouvoir de les arrêter.

C'est à cette époque qu'est née la pensée du jury politique, qui rompait absolument avec tous les errements des législations antérieures.

Mais déjà les hommes de 1830, qui devaient plus tard étouffer l'Empire, sous prétexte de le couronner, étaient devenus assez puissants pour imposer leurs fâcheuses théories ; et, en attendant le régime parlementaire, on remit en vigueur l'arsenal inoffensif et théâtral de la législation de 1819.

On sait ce qu'il en est advenu : le personnel du 4 septembre et du 18 mars ont puisé dans cette législation l'influence et la force nécessaires à leurs tristes et sanglants exploits.

Que le législateur à qui incombe, pour la centième fois, le devoir de remanier nos lois sur la presse soit donc bien convaincu de cette suprême vérité : elles partent toutes d'une idée fausse, et on ne peut les améliorer qu'en les rejetant absolument.

Je viens d'expliquer le pourquoi du jury politique; il est évident qu'à le prendre isolément, pour le poser simplement au-dessous du fouillis indigeste de nos lois actuelles, on n'aurait rien fait de sérieux.

La formule d'un projet de loi sur cette matière élaboré par de véritables hommes d'Etat, est simple :

1° Pour les crimes et les délits commis par la voie de la presse envers les particuliers, le régime de droit commun édicté par la loi de 1819.

2° Dans la discussion des actes du gouvernement, l'écrivain politique ne commet ni crime ni délit de droit commun, mais il peut être un danger.

3° Le ministre de l'intérieur, chef *politique* du cabinet, cite devant un jury *politique* l'écrivain *politique* qu'il juge dangereux.

4° Ce jury condamne à une amende le journal et non l'écrivain.

Accommodez cette loi en style de procureur, et vous aurez une législation sérieuse, qui permettra au gouvernement le conseil avant la rigueur; qui rentrera dans le vrai droit commun des Français, en donnant au citoyen accusé un juge compétent; qui ne présentera plus ce scandale d'une arme qui n'est redoutable que pour la main qui doit s'en servir, et d'une pénalité que tous les écrivains avisés recherchent à l'égal d'une faveur.

Mais nous en serons encore, paraît-il, pour nos espérances, car ces messieurs de l'Assemblée nationale paraissent s'être attachés plutôt au mot qu'à l'idée qu'il représente.

On nous assure aussi que les catégories de citoyens parmi lesquels on chercherait dorénavant des juges politiques feraient ressembler le jury nouveau à l'ancien.

On me dit enfin, mais je n'en veux rien croire, qu'on choisirait des juges nouveaux parmi les officiers de notre armée. J'espère qu'on m'a trompé, car si l'erreur est grande à salir l'hermine du magistrat dans de pareils débats, ce serait un danger en même temps qu'un non-sens que d'y engager l'épée du soldat.

Il y a quelque chose de plus simple que toutes ces catégories : Vous avez quatre-vingts conseils généraux, tirez au sort les noms de quinze d'entre eux, et puis, décidez que ces quinze conseils choisiront chacun un de leurs membres ; vous aurez un jury sérieux devant lequel se jugeront toutes les contestations entre ministre et écrivain ; il suffira parfaitement à sa tâche, bien qu'il soit appelé à connaitre des litiges qui pourront naitre sur tous les points du territoire français, d'abord parce qu'il y en aura très-peu avec une pareille législation, et ensuite parce qu'il est désirable autant que naturel qu'il se fasse une jurisprudence sûre en ces matières délicates, et qu'on n'arrivera à ce résultat qu'avec un juge unique : il tombe sous le sens, en effet, que le danger d'un article politique est général et non localisé dans le milieu où il est né.

Si cette solution paraissait trop radicale pour la disposition actuelle des esprits, on pourrait, avec les mêmes éléments, qui offrent toutes les garanties de lumières et d'impartialité, constituer un jury politique au lieu de la résidence de chaque cour d'appel.

Quoi qu'il en soit de ces détails, si l'on persiste à ne se servir du jury nouveau que pour lui faire une place dans nos législations actuelles sur la presse, on n'arrivera qu'à compromettre une idée juste. Ce sera une loi à refaire.

LA POLITIQUE DE M. THIERS [1]

Monsieur le Directeur,

Nous admirons beaucoup, ici, les efforts que vous faites et le courage que vous montrez dans la défense des principes conservateurs. Il faut, en effet, une véritable perspicacité pour démêler dans la politique confuse du gouvernement ce qui sert nos communes idées et ce qui leur nuit; il faut aussi de la fermeté, car les hommes d'ordre sont loin d'être maîtres de la situation, et quand on les voit

(1) Lettre adressée à M. le Directeur du journal *la Patrie*.

sur la brèche, ils amassent contre eux de sourdes colères.

Mais, monsieur le directeur, pardonnez-moi cette prétention, il me semble que votre polémique, astreinte à suivre par le menu et dans ses nombreux détails les petits événements du jour, perd quelquefois la vue d'ensemble. Aux champs, on ne voit guère les finesses de nos hommes d'Etat, et les merveilles de la stratégie parlementaire nous laissent très-froids; en revanche, nous avons plus de loisirs que vous, et la réflexion aidant, il se peut que nos jugements soient plus calmes et plus impartiaux.

Ainsi, il vous arrive souvent d'être très-sévère pour la politique de M. le président de la République; avec une amertume que l'on conçoit et que l'on excuse chez l'homme de bien trahi par ses proches, vous relevez les fautes du chef de l'Etat, et l'on sent, à la vivacité, à l'emportement même de vos reproches, que vous croyez ces fautes volontaires; votre critique, sensée, basée sur des faits incontestables, appuyée par de justes raisonnements, venant à être générale, il vous semble que M. Thiers n'aurait plus qu'à se rendre, et que vous auriez ainsi, pour votre bonne part, contribué à améliorer notre triste situation.

C'est là, monsieur, une illusion.

Etant données les alliances contractées par M. le président de la République avec les hommes qui ont voulu de tout temps renverser l'Empire, et qui y ont réussi; étant données les sympathies qui s'établissent forcément entre gens qui ont concouru à la même œuvre, et l'intérêt puissant qu'ils ont à se serrer les uns contre les autres pour tenir tête à de communs adversaires, la politique de M. Thiers est fatale.

C'est une erreur très répandue, il est vrai, mais c'est une erreur, cependant, que de croire qu'un chef d'Etat peut à son gré caresser ou éloigner ses partisans, suivre leurs conseils ou les dédaigner; quand bien même il les croirait compromettants, il est obligé de vivre avec eux et pour eux, sous peine de les voir se tourner contre lui, et de n'avoir plus pour sujets que des adversaires. Un pouvoir, pas plus qu'un corps physique, ne se soutient en l'air sans supports.

En donnant l'appui de son nom aux républicains, en couvrant leurs personnes de sa personnalité, en voilant leur incapacité derrière ses talents, M. Thiers ne s'est pas rendu maître de la République, c'est au contraire la République qui s'est imposée à lui ; et voilà ce vieux royaliste forcé d'en épouser les doctrines et les hommes.

J'ai pour voisin de campagne un brave bourgeois de Paris, qui va souvent à la grande ville et m'en rapporte des nouvelles ; c'est un être charmant, plein d'esprit, d'un commerce sûr et agréable, mais le plus ingénu des hommes en politique. Il a cru à Jules Favre avant la lettre, à Jules Simon avant le numéro, à la République honnête et modérée, à Picard sauveur de la France, à Gambetta grand homme de guerre. Il a tout avalé.

Il est libéral sous tous les gouvernements sans distinction ; — vous entendez, n'est-ce pas, qu'il leur fait à tous de l'opposition. — Sous la République, il n'est donc pas républicain ; il reste néanmoins inébranlable dans son admiration pour M. Thiers.

Au début de l'aventure, voyant que son homme de prédilection n'en finissait pas aussi vite qu'il l'espérait secrètement, mon voisin trouvait les raisons les plus ingénieuses pour excuser ce retard ; il me disait à l'oreille, avec un petit air de protection bienveillante pour mon jugement campagnard : « Rassurez-vous » donc ! ne voyez-vous donc pas le jeu du » président ? Il ne cherche qu'à se défaire » de tous ces gens-là, mais il est habile, » et, pour les perdre plus sûrement, il » veut leur faire porter toute la respon» sabilité des fautes qu'ils ont commises » au pouvoir ; attendez que la paix soit » signée, et vous verrez comme il les » jettera tous par dessus le bord. »

La paix fut signée et ils restèrent en place.

Il fallut trouver d'autres excuses ; mon bourgeois se pencha de nouveau vers moi, et d'un air encore plus pénétré que la première fois, il me tint ce langage : « Que vous êtes incrédule ! Tout » ne peut pas se faire à la fois ; on ne » remet pas sur pied en quelques mois » une société aussi bouleversée que la » vôtre; il faut des ménagements; le » peuple est encore en armes, croyez- » vous qu'il soit bien prudent de lui arra- » cher des mains son fusil? Avec un peu » de réflexion, vous verriez les funestes » et sanglantes conséquences de la con- » duite que vous conseillez. »

Or, il arriva que l'Assemblée nationale, malgré les craintes fréquemment et éloquemment exprimées par M. le président, exigea de lui ce désarmement, qui se fit partout sans la moindre résistance.

Ce n'était donc pas par prudence qu'on faisait sa cour au peuple armé; il y avait une autre raison, mais on ne la comprenait pas, bien qu'elle fût aussi évidente que la clarté du jour.

Oui, M. Thiers est un homme fin et avisé, et, de plus, fort intelligent, et c'est pour cela qu'il se conduit tout autrement que nous le souhaiterions; il sait parfaitement qu'un pouvoir qui veut vivre a besoin d'être soutenu et défendu par un parti ; il a compris à merveille qu'en se décidant pour la République, il aurait besoin de républicains ; or, ils sont rares, très-rares ceux sur lesquels on peut décemment s'appuyer ; il les économise donc du mieux qu'il peut, car s'il renvoie le petit groupe qui l'entoure, il n'aura pas de quoi le remplacer ; ils sont si clairsemés, qu'il faut à chaque instant faire appel au dévouement, fort empressé d'ailleurs, de la queue du parti que l'on emploie avec regret, que l'on nomme à des postes importants avec dépit, et auxquels on donne sa main de grand personnage les jours où il faut faire un peu de popularité. Vous vous rappelez les prodigalités de ce genre du bon roi Louis-Philippe lorsqu'il arriva au trône ; c'est la même théorie et la même pratique.

Vous vous imaginez peut-être que M. Thiers croyait au danger du désarmement de la garde nationale? Ce rusé vieillard s'est sans doute bien diverti des efforts que faisait la Chambre pour lui démontrer ce qu'il savait si bien ; mais, de même que l'on caresse les hommes de Septembre, de même il faut flatter leurs doctrines, et tous ces brillants effets de tribune n'ont eu pour but que de constater l'impuissance de M. le président de la République à résister aux ordres de la majorité, de manière à éviter de fâcheuses querelles avec la gauche.

Hier encore on prenait feu, en voyant les scandales provoqués à Montpellier par la présence du brave général Cathelineau, et l'on se demandait pourquoi le voyage de M. Gambetta avait été entouré d'une pompe presque officielle, pourquoi l'agence télégraphique employée par le gouvernement nous renseignait avec tant de sollicitude sur les faits et gestes de ce député, désertant ses devoirs modestes de législateur ?

Devant ces faits et bien d'autres pareils, l'affliction est certainement permise, mais l'étonnement est de trop; car, enfin, il faut être logique et comprendre une fois pour toutes que M. Thiers ne peut pas se passer, pour faire de la République, de la fraction nombreuse de députés à laquelle obéit M. Gambetta tout en croyant la commander.

« Oui, disais-je en terminant à mon bourgeois, votre cher président use de finesse, mais ce n'est pas pour mieux perdre les républicains, c'est pour les mieux conserver, chose bien plus difficile ; ils sont pour lui un trésor qu'il garde avec un soin jaloux, et lorsque la caisse sera vide, il lui faudra rentrer piteusement dans son hôtel, qui sera alors probablement restauré, car c'est l'époque présumée de beaucoup d'autres restaurations. »

Mon interlocuteur était un peu abasourdi de ces révélations, et en découvrant que son idole était vouée à la République à perpétuité, il avait cette mine effarée d'une honnête poule qui a couvé un canard et qui voit sa progéniture courir à la mare voisine et y barboter. Cependant, après quelques instants de silence, il revint vers moi avec un rire vainqueur. Archimède au sortir de son bain, Lafayette à son balcon historique ne devaient pas avoir un air plus triomphant.

« Quand M. Thiers, me dit-il, aura usé
» tous ses amis de hasard, il fera de la
» République sans républicains : c'est la
» seule possible, et ce sera la meilleure
» de toutes ! »

Cette imagination grotesque et l'accent convaincu de son auteur m'arrachèrent quelques exclamations de surprise, car il n'est rien au monde de plus difficile à démontrer qu'un axiome ; j'essayai cependant.

« En vérité, voisin, lui dis-je, je ne sais si vous parlez sérieusement. Connaissez-vous un peuple qui consente à vivre régulièrement sous une forme de gouvernement qui serait en opposition manifeste avec ses croyances et ses sympathies ? Que diriez-vous des Américains se donnant un roi, des Russes acceptant un président de la République, et des Anglais couronnant par un César leur régime parlementaire ? Il y a vraiment de ces choses qui ne se discutent point : continuons cependant.

» Voilà votre belle théorie mise en pratique ; les ministres ne sont plus républicains; naturellement, préfets, sous-préfets et maires ne le seront pas davantage au bout de quelques mois ; les conseils généraux et municipaux s'empresseront de suivre un exemple qui leur vient de si haut, et qu'il leur sera très-doux de suivre, et, forcément, par les soins de tous ces gens en place, l'influence politique retournera entre les mains des gens d'ordre, qui ne sont pas républicains ; et vous vous imaginez que l'on conservera une machine politique aussi désagréable à ceux qui la font marcher qu'à ceux qu'elle transporte ? Mais cela n'a pas le sens commun, et vous prêtez fort gratuitement une sottise à M. Thiers, en lui supposant une pareille politique. »

Mais j'abandonne mon bourgeois, monsieur le directeur, pour revenir à vous et terminer cette lettre d'un seul mot : la conduite de M. le président de la République est forcée ; en donnant la main aux rouges, il n'use pas de finesse, il subit une nécessité. Maintenant, où nous mènera une pareille politique? Il n'est que trop facile, hélas! de le prévoir!

LA

RECONSTITUTION DU CONSEIL D'ÉTAT

Nos législateurs sont en train de faire une sotte loi sur le conseil d'Etat. D'abord, parce qu'en principe, ce conseil est une institution essentiellement monarchique, et ensuite, parce que si l'on veut, malgré tout, lui faire une place dans une République, il faut encore que cette République soit définitive et non provisoire, qu'elle fonctionne régulièrement, à l'aide de rouages constitutionnels précis.

Que le conseil d'Etat soit d'origine et

d'essence monarchique, c'est là un point historique sur lequel il n'y a pas lieu de s'arrêter; c'est la première institution créée par nos rois, au sortir de la barbarie. Des ordonnances nombreuses établissent ses attributions, et pour ne pas remonter plus haut que Philippe le Bel (1288), nous voyons déjà, à cette époque, qu'on s'occupait avec grand soin de désigner les fonctions incompatibles avec celles de conseillers du roi. Jean, fils de Philippe de Valois, Jean le Bon, Charles V, Charles VI, Charles VIII, Louis XII, Henri III, s'occupèrent avec sollicitude de l'éclat et de la bonne composition de leur conseil. Les Etats-Généraux de 1614, adressant au roi Louis XIII des remontrances célèbres, lui recommandaient des choix et une règle de conduite « pour établir en toute sa splendeur son conseil d'Etat. » Inutile de rappeler que les successeurs de ce prince firent entrer dans ces assemblées tout ce que le royaume comptait de plus illustre, et que les princes du sang et les maréchaux de France en faisaient toujours partie.

Napoléon donna un rôle prépondérant au conseil d'Etat.

Il est logique et remarquable que le sort de ce conseil soit étroitement lié aux vicissitudes de l'état monarchique dans notre pays. Lorsque la monarchie est difficile à exercer, lorsqu'elle est tiraillée par les factions, obscurcie dans ses lignes principales, le conseil d'Etat est lui-même sans pouvoir et sans grandeur ; il ne reprend son lustre et son utilité qu'avec les grands jours du principe royal.

C'est un fait aussi que le premier soin de la République de 1792 fut de rejeter cette institution, qui lui semblait à juste titre incompatible avec le nouveau gouvernement, et que dans tous les pays où cette forme politique s'est imposée, on n'a jamais eu recours à un conseil d'Etat ; les républiques aristocratiques de l'antiquité n'y ont pas plus songé que les républiques fédérales de notre temps. A Sparte, à Rome ou à Venise, en Amérique ou en Suisse, on ne vit jamais rien de semblable.

L'Angleterre, qui a changé son état monarchique pour un régime qui n'est au fond, et malgré l'apparence, qu'une république aristocratique, a aussi changé l'ancien conseil d'Etat de ses rois pour un conseil privé, composé de près de deux cents membres, dépourvus de tout pouvoir et ne se réunissant jamais ; c'est une fonction purement honorifique.

Ah ! si on pouvait trouver dans l'histoire de tous les temps et de tous les peuples une seule république établie chez une nation centralisée et démocratique, on y découvrirait peut-être aussi un semblant de conseil d'Etat, et alors on s'appuierait, dans le travail que l'on veut faire, sur un précédent quelconque. Malheureusement pour nos législateurs, il leur faut renoncer à cette espérance, et, pour achever ma pensée, j'ose affirmer que leurs successeurs n'en trouveront pas plus dans l'avenir qu'eux-mêmes n'en ont trouvé dans le passé.

Je conçois cependant leur embarras, et j'y compatis. Il est certain, en effet, que les conseils de nos rois n'avaient pas seulement des attributions politiques fort importantes, ils avaient aussi des fonctions administratives et judiciaires très intéressantes pour les citoyens, et il serait vraiment dommage de les priver, sous la république, de garanties et de libertés qu'ils rencontraient jadis sous la monarchie.

Ce sentiment part d'un bon naturel qu'il faut se garder de contrarier, tout en avertissant nos maitres de la difficulté de leur tâche.

D'abord, il y a dans ces précautions si multipliées de la loi, à l'égard de la fortune des citoyens ; dans ces délais qui ont pour but de se renseigner exactement sur l'état d'une question ; dans ces enquêtes minutieuses où l'on s'efforce de mettre en lumière toutes les objections à sa propre pensée ; dans cette tutelle des établissements de charité, des communautés religieuses, des conseils municipaux ; dans les recours nombreux de la justice du premier degré à une justice plus impartiale parce qu'elle est plus haute ; dans cette préoccupation à défendre le fonctionnaire public contre d'injustes attaques ; il y a dans toutes ces pratiques je ne sais quelle saveur monarchique qui doit blesser des cœurs vraiment républicains. Le gouvernement de leur choix ne connaît pas ces précautions surannées, ces lenteurs d'un autre âge, ces précautions impertinentes à la tutelle, et les empêcher de se ruer sur le commissaire de police, leur ennemi naturel, leur paraît un attentat à la liberté même du citoyen. — Non ! la liberté pour tous ; plus de tribunaux d'exception, plus de tutelle administrative ; c'est la vraie devise nouvelle. Appliquez-la donc fièrement, messieurs les législateurs ; délaissez l'œuvre impossible d'un conseil d'Etat républicain, et accrochez au plus vite à la lanterne toutes ces friperies monarchiques.

Certainement, en agissant de la sorte, vous tournerez le dos à la vraie liberté, écrite en si grosses lettres sur votre drapeau.

Mais on est bien fort quand on est logique, et d'ailleurs, entre nous, vous savez bien qu'il n'y a plus que des Prud'-

hommes pour croire à une République française libérale.

Mais vous insistez, vous avez dans le souvenir le conseil d'Etat de 1848; pourquoi ne pas le créer à nouveau?

Il n'a existé que trop peu de temps pour qu'on puisse le défendre ou l'accuser avec de bonnes raisons; cependant il contenait un vice capital, que vous serez forcés de reproduire dans votre œuvre, et qui aurait amené ses inévitables résultats au bout de quelques années.

Un conseil d'Etat est naturellement nommé par le souverain; sous la République, le souverain c'est l'Assemblée; c'est donc elle qui nommera les conseillers. Que vont devenir, dans ce milieu nécessairement changeant de la politique, toutes les traditions du conseil? Que va devenir sa jurisprudence et pourra-t-il en avoir une quelconque? Or, ce ne sont pas choses de minime importance que la tradition et la jurisprudence; c'est tout simplement la garantie la plus sérieuse des citoyens. La jurisprudence, en effet, c'est le droit traditionnel en l'absence du droit écrit ; la loi ne peut prévoir tous les cas de litiges entre les citoyens et l'Etat ; le juge y pourvoit par des arrêts rendus dans un esprit constant ; alors, la sécurité des justiciables est complète ; elle reste précaire avec une bonne loi écrite, tant que la jurisprudence n'est pas fixée.

C'est donc un embarras sérieux, presque une impossibilité de créer un conseil d'Etat, même non politique, sous un régime républicain ; il faut à ce corps administratif de toute nécessité une existence paisible, prolongée, qui permette aux magistrats qui le composent de se reconnaître, de comprendre leurs multiples et délicates fonctions, et de se faire une règle de décision dans les nombreuses contestations qui leur sont soumises.

Mais que dire de la prétention de nos législateurs s'ingéniant à créer un conseil d'Etat dans les circonstances actuelles? En vérité, c'est un non-sens. Où donc est le souverain qui nommera ce grand Corps administratif? Est-ce

M. Thiers? Assurément non, puisque l'Assemblée est souveraine. Sera-ce l'Assemblée? Mais alors M. le président de la République n'aura pas la légitime et nécessaire influence que son rang et ses fonctions lui assignent sur la composition de son conseil.

Et puis, soyons de bonne foi. Y a-t-il un seul citoyen en France qui regarde comme définitif l'établissement politique d'aujourd'hui? Est-ce que ses amis les plus zélés n'affichent pas leur sentiment à ce sujet, en cherchant avec passion d'autres et de plus sérieuses combinaisons? Alors, pourquoi reconstituer un Corps politique dont le sort est entièrement lié, non à ce qui est, mais à ce qui sera?

Rentrez en vous-mêmes, messieurs, et réfléchissez à ce précepte de la *sagesse* bourgeoise: « Pour faire un conseil d'Etat, prenez un Etat. »

J'ai fini; mais que l'honorable rapporteur de la loi veuille bien me permettre, en terminant, de lui adresser une question indiscrète. On m'affirme que son projet ne contient pas une clause qui est pour ainsi dire de style, dans des œuvres de cette nature. Tout absorbés qu'ils fussent par la grandeur de leur sujet, nos législateurs anciens n'oubliaient pas un devoir pieux envers leurs devanciers dans la carrière, et à la suite d'une révolution, on liquidait toujours leur très modeste pension; ce n'était pas seulement de la courtoisie de la part du vainqueur, c'était aussi de l'humanité pour d'honorables fonctionnaires, brutalement frappés et restés sans ressources après avoir occupé de grandes positions. Aucun des gouvernements qui se sont succédé dans notre malheureux pays n'a manqué à ce devoir rigoureux, pas même la République de 1848; celle de 1870 voudrait-elle punir d'une manière exceptionnelle de vieux serviteurs de l'Empire, parce qu'on les sait attachés à leurs serments et qu'on les voit se refuser à entrer dans la politique du jour, tant que la France ne leur aura pas rendu la liberté?

On obéirait ainsi à un sentiment peu avouable : j'aime mieux croire que mon correspondant de Versailles a mal lu, par-dessus l'épaule de M. le rapporteur, et qu'il a oublié l'article final, qui s'y trouve assurément. En tout cas, je parle à un galant homme ; s'il y a oubli, il sera certainement réparé.

LES SOLUTIONS [1]

Vous prétendez, monsieur le directeur, être très désireux de connaître l'avis de la province, et vous m'engagez à vous parler en toute franchise. Eh bien ! je vous dirai que ces derniers événements, la démission de M. Thiers et le trouble politique qui en a été la suite, ont jeté dans nos âmes une anxiété profonde ; on n'entend plus partout qu'un cri : « Assez, assez! de grâce, finissons-en ! » Il semble qu'un rideau épais qui cachait aux yeux de la foule notre situation

(1) Lettre adressée à M. le Directeur du journal *la Patrie.*

pleine de périls, vienne de se lever ; c'est à qui se lamentera le plus fort, c'est à qui fera le plus haut sa confession ; on ne veut plus se payer de mots et l'on renonce enfin à toutes ces niaiseries politiques avec lesquelles le gouvernement cherche, depuis si longtemps, à endormir la vigilance de l'esprit conservateur.

On ne nous abusera plus avec des phrases creuses comme celle-ci : « *La République est ce qui nous divise le moins.* » Car nous demanderons quels sont ceux qu'elle a réunis, où est l'union, où est l'apaisement?

« *En tenant la balance égale entre les partis, nous pourrons tous nous consacrer à la restauration morale et matérielle du pays.* »

Mais c'est une absurdité; car passé trois jours, le provisoire se change fatalement en un gouvernement quelconque. En faisant de la République, on n'a pas tenu la balance égale, on a fait pencher l'un des plateaux vers un parti déterminé. — *Mais pourquoi ne pas se réunir autour de M. Thiers et lui donner le temps de remettre toutes choses en place?* Par la raison que M. Thiers a endossé la livrée républicaine, et que cette livrée effraie tous les honnêtes gens. — *Mais s'il jetait le froc aux orties et qu'il fît de la République sans républicains !* — Fadaises que tout cela; on ne gouverne pas en l'air, il faut s'appuyer sur quelqu'un. En choisissant la République, M. le président s'est voué au rouge à perpétuité. — *Mais il saura faire de l'ordre avec du désordre, et préparer la monarchie sous couvert de République !* — Encore une 'de ces sottises, dont le plus humble bourgeois est désabusé; ce secret, renouvelé de Caussidière, et aussi de Lamartine, qui s'amusait à conspirer avec la foudre, est parfaitement éventé aujourd'hui. Quand, par goût, par faiblesse ou par impossibilité de mieux faire, . un gouvernement de se sert du désordre, c'est le désordre qui est maître de la place. Pour avoir un jardin propre, on arrache les mauvaises herbes; on ne les cultive pas.

M. Thiers est obligé de les cultiver et les cultive. Vous vous rappelez sa fureur de l'autre jour lorsque la gauche vota contre lui : « Les misérables ! dit-il à un de ses familiers, les misérables m'abandonnent, et je leur ai tout sacrifié ! » Or, ce *tout*, c'est nous autres, conservateurs, qui n'en pouvons mais. Nous nous révoltons à la fin, et nous demandons que cela finisse. Les derniers événements nous ont ouvert les yeux.

La République n'est pas une petite maîtresse qu'on peut adorer platoniquement. Elle entend être épousée tout entière, corps et âme, ou elle plaide en séparation.

Vous savez, n'est-ce pas, que dans l'espèce, le tribunal, c'est la rue, et que les arguments sortent des chassepots.

Nous ne voulons plus de cette mégère, et, pour éviter les incompatibilités d'humeur et le scandale du divorce, nous voulons nous séparer de bonne grâce pendant qu'il en est encore temps.

Il paraît qu'en pleine tristesse publique, il vous reste toujours, à vous autres Parisiens, un petit grain de gaieté, car je lisais dernièrement, dans un de vos journaux, que tout était sauvé parce qu'on avait décidé M. Thiers à ne plus parler. On serait en train de capitonner, pour le cher homme. un joli petit palais de roi fainéant. Cette imagination fait le plus grand honneur à la sobriété de ses inventeurs, car il est évident qu'ils ne savent pas la valeur d'un serment d'ivrogne : qui a bu boira; et lorsqu'on s'appelle M. Thiers, on parle quand même. C'est peut-être un homme d'Etat et un homme de gouvernement que notre honorable président, bien que je n'en voulusse pas jurer, mais c'est assurément un orateur consommé et un habile tacticien parlementaire ; il n'avait que la parole, et vous prétendez la lui ravir; c'est un non-sens, et il ne vous écoutera pas. Vous figurez-vous cet irascible et bouillant vieillard restant coi dans ses appartements quand M. Rouher attaquera sa politique à la tribune ? Il fera des efforts désespérés pour se contenir ; sans aucun doute aussi, ses partisans se pendront à la basque de son habit; mais n'est-il pas certain que si on défend publiquement l'Empire, il ne pourra plus se maîtriser, et que, laissant entre les mains de ses fidèles consternés des lambeaux de son vêtement, il courra à la Chambre pour y confondre son audacieux adversaire?

Eh bien! monsieur le directeur, nous sommes plus avancés que vous dans le fond de nos campagnes, car il n'est personne ici qui ne traite la loi Rivet de mauvaise plaisanterie.

Laissons pour ce qu'il vaut cet expédient de législateurs aux abois, pressés par le besoin du définitif, et ne sachant comment s'y prendre pour y arriver; et tâchons d'en finir pacifiquement et une fois pour toutes avec ce damné 4 Septembre et ses tristes conséquences.

Les Parisiens peuvent tout, tandis que nous ne pouvons rien : disséminés et sans moyen d'action, l'initiative ne peut partir de notre côté; vous avez plus d'esprit que nous, et avec un courage qui égale le nôtre, il vous est possible de l'utiliser plus heureusement; vous êtes experts dans l'art de faire des révolutions — je parle des conservateurs autant que des brouillons; — mais vous l'êtes aussi dans l'art de les défaire : ce n'est pas nous assurément qui aurions eu la pensée de renverser le gouvernement établi en présence de l'ennemi vainqueur; nous avons subi et nous subissons encore chaque jour les malheurs dus à votre faiblesse, qui a laissé tout faire, et à votre esprit de révolte et d'indiscipline qui a tout osé; c'est bien le moins que vous veniez à notre aide.

La chose n'est pas aussi difficile que vous le croyez peut-être.

La presse parisienne n'est pas innocente ; qu'elle se réhabilite en nous sauvant. — Il est bien entendu que les vrais conservateurs, je parle de nous, se réservent le droit d'étonner le monde par leur ingratitude, lorsque vous les aurez sortis d'embarras. — Le moyen est d'une incomparable simplicité; reconstituez sur de nouvelles bases l'*Union de la Presse*; écartez sans pitié tous les communards honteux qui font de parti pris ou sans le savoir leur triste besogne sous le couvert de la République honnête et modérée; il vous restera huit ou dix grands journaux ayant du crédit et un grand tirage, c'est très suffisant ; entendez-vous pour une action commune, et que dans quelques jours chacune de ces feuilles affiche quotidiennement en tête de ses colonnes une déclaration conçue à peu près dans ces termes :

« La rédaction politique des journaux
» soussignés, redoutant pour le pays de
» prochains malheurs qu'un gouverne-
» ment provisoire est trop faible pour
» conjurer, estime qu'il y a lieu de met-
» tre la France en demeure de constituer
» un gouvernement définitif ; c'est à ses
» yeux le seul moyen d'éviter la guerre
» civile, de retrouver des alliances en
» Europe et d'obtenir un crédit suffisant
» pour payer nos dettes. Ces journaux
» s'engagent mutuellement à diriger les
» efforts de leur polémique dans ce sens,
» et à recommander ce moyen à toute la
» sollicitude de MM. les députés à l'As-
» semblée nationale. »

Je vous affirme que devant cette entente, plus de cent journaux de province prendront aussitôt la même attitude, et que la pression pacifique deviendra, en quelques mois, si forte, que tout le monde se rendra; et, chose rare, nous sortirons ainsi d'une révolution sans révolutions nouvelles.

Le premier et le plus utile effet de cette intelligente politique sera de mettre l'Assemblée dans le cas de prendre un parti. Sans doute, elle cherche en ce moment même des solutions, mais elle les cherche mollement, à son aise, et sans paraître décidée à les examiner toutes et à prendre ensuite une virile résolution.

Aussitôt que vous aurez suivi mon humble conseil, vous la verrez se mettre à l'œuvre et essayer tour à tour les moyens qu'elle a, ou qu'elle croit avoir, pour nous rendre la sécurité et un lendemain; elle mettra d'abord aux voix la République définitive, et nous serons définitivement débarrassés d'elle par un vote, ce qui n'est pas de mince conséquence.

Elle donnera ensuite la parole aux partisans de la fusion des deux maisons de Bourbon, et si ces partisans tardent à se rendre au vœu de la Chambre, un membre quelconque de l'Assemblée posera nettement la question : si le vote n'amène aucun résultat, on disjoindra les deux partis, et l'on se prononcera sur chacun d'eux séparément.

Ayant ainsi déblayé le terrain et prouvé aux plus incrédules que la Chambre n'a pas même le pouvoir de discipliner une majorité capable de soutenir un gouvernement tel quel, il ne restera plus que la restauration de M. Thiers, en présence de l'appel au peuple. Le restaurateur présumé, c'est l'honorable M. Grévy; mais est-on bien sûr que ce personnage ait oublié son inébranlable résolution de ne pas s'associer à une République qui ne serait pas consentie par le pays? Si on parvenait à lever ses scrupules, il n'est que trop évident qu'on n'aurait rien restauré du tout. M. Grévy, quelle que bonne que soit sa situation et si grande que soit l'estime dont il est environné, n'a pas la réputation européenne de M. Thiers, et n'a pas été élu député par vingt-sept départements français; on ne soutient pas une maison chancelante avec un baliveau, on n'aveugle pas une énorme voie d'eau avec un caillou.

Après tous ces essais infructueux, nos députés se rendront à l'évidence et recourront à la seule voie de salut qui nous reste.

Ne croyez pas, au surplus, que cette Assemblée répugne si fort à prendre ce parti ; on compte dans son sein près de cent cinquante membres dont l'intelligent patriotisme admet dès aujourd'hui cette solution ; ils étaient cinq ou six à Bordeaux ; dans deux mois, si vous le voulez bien, ils seront trois cents et deviendront maîtres de la situation.

Après cette abdication volontaire entre les mains du pays, nos députés rentreront chez eux la tête haute et la conscience tranquille ; quoi qu'il arrive, leur vieillesse sera honorée. S'ils se laissaient surprendre par la guerre civile qui frappe à notre porte, ou par les Prussiens qui nous guettent, l'histoire serait extrêmement sévère pour eux.

LA RÉPUBLIQUE HONNÊTE

ET MODÉRÉE

Lorque j'étais jeune, nous étions aussi en République; comme aujourd'hui, je ne l'aimais pas. Cela ne m'empêchait pas d'être l'ami d'une maison républicaine par excellence. Que de grandes et vilaines choses se sont passées depuis cette époque! Que de changements sont survenus dans la fortune et les idées des fidèles de cette maison hospitalière! La mort a ravagé cette aimable demeure. Cependant, ma pensée rassemble souvent ces éléments dispersés, fait revivre ces intelligences éteintes, et prend plaisir, comme autrefois, à discourir sans fin, avec la gaieté et l'abondance propre à la jeunesse, sur les mérites comparés des divers gouvernements.

Un jour, le maître de la maison (1) s'arracha aux anxiétés de la politique et aux labeurs quotidiens de son ministère, pour s'enfuir avec nous dans sa belle maison de campagne, coquettement assise sur les bords du Loing.

Tout le monde l'aimait ; aussi les gens qu'il employait aux travaux des champs s'empressèrent à sa rencontre. C'était la première fois qu'il les revoyait depuis le 24 Février. Enhardi par cet accueil, car notre cher hôte était un peu timide, malgré tout son mérite, il leur dit : « Eh bien ! mes amis, êtes-vous contents de la République ? »

Toutes ces bonnes figures sourirent et l'assurèrent d'un commun accord qu'ils étaient enchantés ; il n'y avait qu'une chose qui les chagrinait, *c'était de ne pas savoir le nom du nouveau roi*.

Après un si long temps écoulé, les sen-

(1) M. Marie, membre du Gouvernement provisoire en 1848.

timents de ce milieu campagnard restent les mêmes, ainsi que j'ai pu m'en convaincre tout récemment.

Je questionnais au village un brave homme, estimé par tout le monde, et lui demandais s'il ne s'accommoderait pas d'une république faite à son image, modérée et sage comme lui. Voici sa réponse :

« Vous me faites beaucoup d'honneur,
» monsieur, en m'adressant une pareille
» question, et je crains bien de ne pas y
» répondre de manière à vous satisfaire.

» La politique, ici, ne se fait pas comme
» chez vous, dans les grandes villes ;
» nous n'avons pas assez d'instruction
» pour nous décider par nous-mêmes et
» prendre parti pour ou contre un gou-
» vernement. Nous sommes habitués à
» nous laisser guider par des hommes
» honorables et riches qui nous entou-
» rent. Grâce à la prospérité qui s'est dé-
» veloppée au village pendant ces vingt
» dernières années, le nombre de ces
» personnages s'est considérablement
» augmenté, et vous ne pourriez faire
» mille pas dans la vallée sans rencontrer,

» sur l'une ou l'autre rive, de belles ha-
» bitations toutes fraîches, occupées,
» quelques-unes, par nos gens qui ont
» fait fortune, la plupart par des bour-
» geois des villes voisines, qui viennent
» se reposer dans la campagne de la fa-
» tigue des affaires. Tout ce monde-là est
» bon pour nous, charitable pour nos
» malheurs ; il y en a parmi eux qui ont,
» autant que j'en puis juger, de sérieuses
» connaissances en administration, et
» c'est une chance quand ils consentent
» à gérer les petits biens de la commune.
» Pour le vote, nous sommes habitués à
» prendre leur avis, et jamais ils ne nous
» ont conseillé un mauvais choix.

» Ne cherchez donc pas bien loin, mon-
» sieur, pourquoi nous ne sommes pas
» républicains, et si vous tenez à en sa-
» voir plus long à ce sujet, allez le de-
» mander à tous ces messieurs ; ils n'ai-
» ment pas la République, et nous faisons
» comme eux.

» Avant la dernière révolution pari-
» sienne, on connaissait à peine le nom
» de ce nouveau gouvernement, et si,

» parmi nous, quelques-uns en parlaient,
» ils ignoraient assurément la significa-
» tion du mot qu'ils employaient. Il n'y
» avait personne au village pour prêcher
» la République ; et pas plus que les pro-
» priétaires des châteaux voisins, le no-
» taire, le médecin, le curé, le receveur
» du domaine, le percepteur, l'agent-
» voyer, le juge de paix ne nous deman-
» daient de changer le gouvernement qui
» nous avait tous rendus heureux.

» Pour dire toute la vérité, il y avait
» bien un républicain parmi nous, et vous
» le connaissez comme moi : c'est le petit
» facteur de la poste, brave garçon s'il
» en fut ; mais comme il est toujours
» gris, on ne faisait guère attention à ses
» propos.

» Depuis un an, les choses ont bien
» changé, et l'on rencontre chez quel-
» ques-uns de nos messieurs une dispo-
» sition à essayer de la République ; mais
» on voit bien qu'ils cèdent à la nécessité
» bien plus qu'à des convictions qu'ils
» n'ont jamais eues ; ils font l'essai très-
» tristement et comme des gens qui sont

» fixés d'avance sur le sort qui l'attend.
» Bien que nous soyons incapables de
» nous tirer d'une question politique,
» nous comprenons parfaitement cette
» attitude pour ainsi dire obligée, par les
» relations qu'ont ces messieurs avec les
» représentants du pouvoir actuel, et nous
» savons très-bien ne pas les désobliger
» au fond, en restant aujourd'hui ce que
» nous étions hier.

» Quant à ceux qui sont libres de tout
» lien avec l'administration, et c'est
» de beaucoup le plus grand nombre,
» nous continuons à les aimer et à les
» respecter. Nous n'oublierons pas, pour
» plaire aux gens du jour, les bienfaits
» de toutes ces honnêtes personnes ; fi-
» dèles à nos habitudes, nous ne ferons
» pas de l'opposition. Il arrivera bien que
» nous n'oserons pas voter pour elles,
» puisque le gouvernement nous le dé-
» fend, mais nous ne voterons pas da-
» vantage pour les candidats qu'il nous
» propose.

» Au surplus, monsieur, la République
» chez nous, a un effet singulier, dont il

» faut que vous vous rendiez un compte
» exact, si vous voulez nous juger avec
» impartialité.

» Je viens de vous dire qu'elle nous
» oblige à nous séparer à regret de tous
» ceux que nous aimons, mais elle a par
» contre des préférences marquées pour
» tout ce que le village compte de moins
» sérieux et parfois même de moins ho-
» norable. Voyez, je vous prie, les gens
» qui nous gouvernent : qu'est-ce que le
» maire, qu'est-ce que le conseil munici-
» pal? d'où nous vient le juge de paix?
» Il n'est pas charitable, je le sais, de dire
» du mal de son prochain; mais vous sa-
» vez comme moi, que la plupart de ces
» gens-là étaient très-mal vus dans le
» pays, et que, loin de tenir le haut du
» pavé, ils osaient à peine se montrer.

» Un des résultats les plus inévitables
» de cette situation, c'est de rabaisser
» partout, en tout lieu, en toutes cir-
» constances, les gens qui ont du bien
» et du mérite, et de donner la première
» place à ceux qui n'ont ni l'un ni l'autre;
» lorsque la nomination du conseil muni-

» cipal a été connue, les manières de
» tous ces vauriens ont changé.

» Ils baissaient les yeux la veille, au-
» jourd'hui ils vous toisent du haut en
» bas. Samedi dernier, les ouvriers de
» la fabrique ont reçu leur paie accou-
» tumée sans mot dire ; le soir, il paraît
» qu'ils ont fait un sabbat d'enfer ; au
» chemin de fer, les ouvriers, les charre-
» tiers, les gens de service se donnaient
» la peine d'ôter leur chapeau en parlant
» au chef de la gare ; maintenant ils l'a-
» bordent sans se découvrir et affectent
» de fumer et de cracher dans son cabi-
» net. Quand le curé sort pour aller voir
» les pauvres, les gamins l'injurient, et
» l'on passe pour n'avoir pas grand es-
» prit si on continue à aller à la messe.

» De proche en proche, cette disposi-
» tion des esprits gagne tout le monde,
» et dans les affaires les plus privées,
» elle a son influence. Vous n'ignorez pas
» les querelles du voisin d'en face avec
» son garnement de fils. Tout le monde
» était pour le père ; c'est le contraire
» aujourd'hui. Ce jeune homme finira

» mal certainement ; c'est un pares-
» seux qui n'a jamais rien voulu faire, un
» braconnier fini qui se moque des gen-
» darmes. Voyez-vous, monsieur, quand
» le gendarme a le dessous chez nous,
» les choses vont mal ; or, la tendance
» de la République, c'est d'amoindrir les
» gendarmes ou de les supprimer. selon
» qu'elle est modérée ou ne l'est pas. »

— Eh bien! mon brave, puisque vous n'êtes pas républicain, qu'êtes-vous donc?

— Monsieur sait bien ce qu'il nous faudrait.

— J'ai peut-être mes idées à ce sujet, mais ce sont les vôtres que j'aurais désiré connaître.

— Oh ! oh! monsieur en sait plus long que nous là-dessus.

Comme je m'en allais, mon interlocuteur court après moi :

— Monsieur, me dit-il, *je vous serais bien reconnaissant de me faire savoir quand l'Empereur reviendra ?*

PRINCES ET PRINCIPES (1)

Chaque forme de gouvernement a des règles qui lui sont propres, et le prince en qui elle se personnifie ne représente historiquement qu'un principe.

Les peuples croient facilement que le bien et le mal qui leur arrivent découlent uniquement de la capacité ou de

(1) Cet écrit a été publié pendant le siége de Paris (1er fév. 1871); il était à cette époque très en avance sur les événements et par suite fort inopportun. Les circonstances actuelles lui rendent quelque à-propos

l'inintelligence de leurs chefs; il s'en faut de beaucoup qu'il en soit ainsi; la liberté humaine se meut dans des limites plus étroites qu'on ne se l'imagine, et un esprit un peu sagace peut prédire la marche générale des choses dans son pays, à l'avénement de tel ou tel personnage, quand bien même son caractère et ses lumières lui seraient parfaitement inconnus; en effet, le nouvel élu fait monter au pouvoir avec lui un principe déterminé de gouvernement.

En dehors des dictatures d'hommes ou d'Assemblées, qui ne sont jamais que des situations provisoires, il n'existe en France que trois formes de gouvernement régulier :

La légitimité, le régime parlementaire et la constitution de 1852.

I

Le principe politique de la légitimité a produit de grandes choses dans ce monde, et la société française a vécu glorieusement sous sa loi. Voici sa doctrine

Une nation perd toute sécurité quand elle demande à l'élection son chef d'Etat; c'est là une base fragile, à la merci du moindre souffle populaire. Un magistrat nommé par ses justiciables sera prévaricateur et vénal, parce qu'il est l'obligé de ses électeurs avant d'être leur juge; un officier obéira à ses inférieurs au lieu de les commander s'il a reçu d'eux un mandat; de même le chef du peuple ne remplira utilement son rôle souverain de protecteur impartial de tous les intérêts, qu'avec un pouvoir d'une essence plus haute que la faveur changeante des partis. Dans l'ordre des faits moraux, la légitimité s'inspire également d'un principe élevé. La loi ne peut tout prévoir: elle suffit à peine à réprimer le crime et le délit constatés, elle ne les prévient pas ; la religion seule, avec ses enseignements supérieurs, fait germer dans le cœur de l'homme une notion précise du juste et de l'injuste ; seule, elle est capable d'exalter dans son âme la passion du dévouement et d'y élever contre les instincts pervers de sa nature matérielle, des barrières cent fois plus fortes que toutes les législations humaines.

Les légitimistes ne s'en tiennent pas à ces deux fins primordiales de toute société : la sécurité de l'Etat et la moralité des citoyens ; leur principe sait descendre dans la pratique de notre civilisation moderne et croit y découvrir un vice profond, capable d'enrayer le mouvement industriel qui emporte aujourd'hui tous les peuples. En politique, disent-ils, rien de sérieux, rien qui soit capable d'assurer notre prédominance sur les marchés étrangers, tant que la loi exigera le fractionnement indéfini des fortunes privées. Comment espérer la grandeur d'un établissement de commerce s'il ne survit pas à la main qui l'a créé? Les économies réalisées du chef de la perpétuité de la maison et de son titre sont considérables, car les révolutions et les changements de règne coûtent aussi cher en industrie qu'en politique.

Le but des légitimistes est donc aussi noble que grand. Quels sont les moyens dont ils disposent pour l'atteindre?

Tout système politique, par cela seul qu'il a existé, compte et doit compter sur un ensemble de pratiques déterminées dont il ne lui est pas loisible de se départir. Le parti qui le représente ne lui permettrait pas ce qu'il appellerait une défaillance, et abandonnerait le prince assez osé pour se passer des principes et des hommes en qui il s'est, en quelque sorte, incarné ; il est certain, de ce chef, que la noblesse se croirait tout au moins un droit de préférence à l'obtention des grandes fonctions de l'État, et que la religion monterait sur le trône avec le représentant de la légitimité.

Ce serait un double péril pour les intérêts que l'on prétend servir.

Notre société est bien décidément démocratique ; elle a les ardeurs, les ressentiments, les passions mêmes de toute démocratie. Comment espérer d'elle quelque sagesse ou quelque modération quand la scène politique sera envahie par des personnalités qu'elle jugera avec une extrême et injuste méfiance ? Comment espérer de lui faire démêler, sous les faveurs dont jouissent ces personnages, le bien de la fonction et le principe supérieur auquel on obéit ? Comment s'y prendre pour étouffer sa jalousie, quand elle a tant de peine à ne pas envier ses propres enfants, ces parvenus d'hier, qui ont cependant l'excuse de leurs talents ?

Ce n'est pas en vain qu'on plante au sommet de la société un drapeau d'une couleur accusée ; il faut de toute nécessité que le pouvoir nouveau soit étayé par une hiérarchie sociale conforme ; le roi, seul légitime, environné et l'on peut dire submergé par une société politique élue, serait une sorte de monstruosité; en tous cas, un phénomène sans cause et sans durée.

D'ailleurs, c'est imaginer fort gratuitement accomplie une révolution radicale dans les esprits que de supposer la nation adoptant le principe du droit divin, en ce qui regarde le choix de son souverain, et se cabrant seulement contre les conséquences inévitables de ce principe: la vérité vraie, la vérité triste ou heureuse, selon nos diverses opinions, c'est que la reconnaissance de la légitimité implique une foi que nous n'avons plus, et il y a déjà longtemps que nous avons dû renoncer à tout système qui a la prétention de se soustraire aux exigences de la critique.

Eh ! sans doute, un pouvoir unanimement consenti est plus fort qu'un pouvoir même unanimement élu, et si l'on a été obligé d'avoir recours à l'urne électorale, c'est qu'il était manifestement certain que nous avions cessé d'être tous du même avis; c'est donc sagesse de délaisser un instrument qui a rendu autrefois d'immenses services, mais qui est vieilli et hors d'état d'assurer dans le présent cette perpétuité du pouvoir qui a été sa raison d'être et son honneur dans le passé.

Il est bien facile de prouver aussi que la religion et son action bienfaisante ont tout à gagner à n'être pas patronnées officiellement par l'État : depuis notre grande Révolution de 1789, les plus ardents défenseurs des idées religieuses n'en ont pas toujours été les plus avisés; sous la Restauration, l'esprit antireligieux a été très-chaudement caressé par l'opinion publique, et la société devenait impie en haine d'une piété officielle; c'est l'époque de Béranger, de Paul-Louis Courier et des exagérations ridicules de ce qu'on a appelé fort mal à propos l'esprit philosophique; c'est l'époque des éditions successives et nombreuses des œuvres de Voltaire et de Rousseau.

Sous la monarchie de 1830, on revint à des sentiments plus tolérants parce qu'on soupçonnait le prince d'être légèrement sceptique en ces matières; et, après 1848, le mouvement religieux a repris une faveur que les républicains n'ont certes pas désirée, mais dont ils sont cependant les véritables, quoique involontaires, auteurs. Pour ne parler que d'hier, n'est-il pas évident que les petits philosophes municipaux qui ont arraché les christs du chevet des mourants ont fait une propagande religieuse bien plus efficace que les sermons les plus éloquents de nos grands écrivains catholiques?

Ah! si j'avais quelque crédit sur certains esprits éminents qui prétendent diriger les efforts de l'Eglise, comme je leur crierais qu'ils se trompent, comme je leur prouverais qu'ils ressemblent aux républicains, à la différence près de l'intention!

La société chrétienne, depuis sa naissance, a compris son rôle de bien des manières différentes : au temps de Jésus, au moyen âge, aujourd'hui, elle a obtenu le respect et l'amour des choses saintes par des procédés fort différents, qui ont successivement varié avec l'état des esprits et la diffusion des lumières : ses ministres ont été tour à tour pauvres et puissants, entourés de gloire seulement ou de gloire et d'honneurs; ils ont été pasteurs, guerriers, princes, se pliant aux nécessités du milieu où ils vivaient et obligés, pour être compris, de parler la langue que l'on parlait autour d'eux.

De cette diversité d'allures de la religion, il est bien permis de conclure à l'obligation pour elle de comprendre notre siècle, si elle veut, à son tour, être comprise et obéie par lui.

Ne craignez rien : nous sommes orthodoxes; notre bon Dieu, à nous, n'est pas le Dieu froid des protestants, encore moins ce Dieu des savants arraché à une équation; notre bon Dieu n'est pas seulement raisonnable ou algébrique, il est charmant, bon au delà de tout, aimable par surcroît, et nous aimons à loger son image dans d'immenses basiliques, qu'aux jours de fête nous remplissons de fleurs, d'or et de suave musique; nous ne voulons pas, pour cet élu de notre cœur, les quatre murailles dénudées que les protestants trouvent suffisantes pour le leur; nous n'aimons pas davantage qu'on lui assigne pour unique demeure la cervelle d'un penseur, nous méfiant à juste titre des soins qu'on lui rendra dans un temple aussi peu contrôlé.

Notre orthodoxie est donc à l'abri du soupçon; mais il faut convenir d'un autre côté qu'on nous représente parfois la religion comme une règle austère jusqu'à la dureté; nous entendons souvent certains docteurs nous offrir comme bons à méditer et à suivre dans le présent, des faits du temps passé qui étonnent nos esprits, déroutent nos meilleures aspirations et dont nous aimions à rejeter la responsabilité sur une époque dure et violente, qui ne reparaitra jamais; après les grands miracles parlants et éternels du ciel et de la terre, de la fleur qui s'épanouit et de l'homme qui pense, après ceux qu'une tradition vingt fois séculaire a consacrés, on inquiète notre jugement, sans rien ajouter à nos croyances par l'apparition de tout petits miracles modernes; c'est faire fausse route et ne pas comprendre le temps où nous vivons.

Quoi qu'il en soit de ces conseils, qui ne seront pas écoutés, bien qu'on les donne en toute sincérité, il reste certain que, en ces matières, les exagérés vont toujours contre le but qu'ils se proposent, et que les républicains valent les ultramontains, à cette différence près que les premiers servent la religion que les seconds desservent; car il semble être de son essence même de grandir sous l'insulte et de périr sous les empressements intéressés. On dirait qu'elle se rappelle être venue au monde avec une couronne d'épines sur la tête.

Ne faisons donc pas monter la Religion sur le trône.

Sur les deux points que nous venons de traiter, les principes de la légitimité sont justes, mais les moyens sont impuissants.

Il en est de même en industrie :

On commence d'abord par établir que le morcellement des fortunes, sous l'action des partages égaux entre les enfants, est un obstacle insurmontable au développement de notre richesse : rien n'est plus contestable, et les vingt ans qui viennent de s'écouler donneraient, au besoin, un démenti éclatant à cette affirmation ; il s'en faut, d'ailleurs, que la loi du morcellement des fortunes et du territoire soit une loi sans compensation. Chacun de nous, en effet, a été à même d'observer une loi parallèle de recomposition, qui a empêché notre territoire tout entier de tomber en parcelles. ou même en poussière, ce qui n'aurait pas manqué d'avoir lieu si, depuis soixante-dix ans, la première de ces lois avait seule existé.

En ce qui concerne plus spécialement l'industrie, il est certain qu'elle n'a plus à sa disposition ces grandes existences immobilisées dans une même famille, et que, d'un autre côté, d'énormes capitaux sont plus nécessaires que jamais à la création des usines modernes. C'est vrai, mais on a trouvé moyen de réunir les fonds indispensables, au moyen des sociétés par actions, et rien ne prouve que les utiles et gigantesques entreprises qu'on a installées de la sorte doivent disparaître de sitôt; on peut affirmer que, si, comme tout le fait espérer, elles traversent sans dommage la crise terrible que nous subissons, elles sont à tout jamais fondées.

A quoi bon alors bouleverser notre Code pour remédier à une situation qui n'est pas en péril sérieux, quand il est certain que ce bouleversement ne pourrait être obtenu qu'après de pénibles efforts, et en portant un coup douloureux à l'une des religions politiques de ce peuple qui en a si peu; au partage égal des biens entre des enfants qu'on chérit d'une tendresse égale?

Au surplus, les légitimistes ne recherchent pas seulement, par ce moyen, le meilleur emploi de la fortune publique, ils croient y trouver une augmentation des droits du père de famille et la reconstitution d'une classe gouvernante.

Est-il besoin de s'appesantir sur ces deux points? Comment la famille deviendra-t-elle plus morale si le père, à son lit de mort, est entouré d'enfants qui feront assaut de caresses intéressées, et si l'on ne peut plus embrasser sa mère sans être suspecté de vouloir capter un testament? Et socialement cette réforme n'est-elle pas puérile, puisqu'à supposer que certains chefs de famille en soient partisans et l'adoptent, il peut arriver, et il arrivera certainement que ses enfants ou ses petits-enfants ne seront pas du même avis, et alors il faudra renoncer à atteindre le but que l'on se propose, à savoir : la perpétuité de la fortune dans la descendance directe de la famille.

Ecoutons donc les sages conseils de la légitimité, suivons la route qu'elle nous indique, mais ne confions pas les rênes à sa main débile et vieillie : le char n'arriverait pas au but.

II

Plus habile ou moins vaillante, la bourgeoisie, en prenant le gouvernement de la France, n'a pas affiché de programme, et c'est par le nom même de l'instrument politique dont elle a fait usage que son règne est connu; c'est donc au régime parlementaire qu'il nous faut adresser les questions que nous venons de poser au principe de la légitimité.

Il est bien entendu, avant toute discussion, que nous ne faisons pas à la bourgeoisie la mauvaise querelle qu'on lui a faite souvent, d'être inhabile à gérer nos intérêts, par cela seul qu'elle n'est qu'une fraction du peuple et non le peuple tout entier. Il n'y a en ces matières qu'un droit incontesté, qui est celui du succès; une nation est parfaitement maîtresse de confier ses destinées à qui bon lui semble : nobles, prêtres, bourgeois, militaires ou peuple. Elle n'a jamais exigé de tous ces gens-là que de mener la barque à bon port.

Donc, pas de question de droit! Demandons seulement à cette forme de gouvernement ce qu'elle est et où elle tend, ses moyens et son but.

Lorsque M. Guizot, sous la Restauration, installa pour la première fois en France le régime parlementaire, il ne se dissimula pas que cette importation anglaise avait peu de chances de vivre heureusement côte à côte avec notre démocratie, et il avoue loyalement dans ses mémoires que s'il a tenté cet essai, c'est qu'on n'avait à cette époque rien d'autre sous la main.

La machine fonctionna quinze ans, de 1815 à 1830. Mais tant de causes connues contribuèrent à la chute de la Restauration, qu'il n'est pas besoin d'aller en chercher la cause dans le jeu défectueux de nos institutions politiques. Au contraire, sous le règne de Louis-Philippe, le Parlementarisme eut ses coudées franches, c'est là qu'il est bon et juste de l'étudier.

Alors, et il importe de le rappeler aujourd'hui, ce mot ne signifiait pas seulement un régime qui admet un Parlement, c'eût été simplement un régime constitutionnel, il supposait en plus le Parlement souverain ; j'entends par là que le prince n'est pas l'élu du peuple, mais seulement l'élu de l'Assemblée, et que ses ministres, tout en tenant officiellement le pouvoir de sa main, ne relèvent que de la Chambre, qui les nomme en réalité. En deux mots, *le roi règne et ne gouverne pas* ; c'était et c'est encore la règle sainte proclamée par tous les adeptes.

Réduite à ses organes principaux et pour ainsi dire mise à nu, cette machine politique révèle à l'œil le moins clairvoyant un défaut de premier ordre : il y manque un rouage essentiel, qui n'est rien moins que la tête.

Dans un pays aristocratique, la société se gouverne elle-même parce qu'elle fait les frais d'une classe spéciale, qui n'a d'autre mission que d'être une classe gouvernante ; celle-ci puise dans la grandeur des intérêts qui lui sont confiés, dans la possession séculaire et incontestée de toutes les forces vives de la nation, l'esprit de gouvernement ; soit, en deux mots : la hauteur de vues et l'impartialité. Un Parlement anglais pourra, dans telles circonstances données, ratifier un bill qui ruinera la moitié de ses membres ; un Parlement français ne votera jamais une loi qui pourrait amoindrir la fortune des députés ; quand on a charge d'âmes, qu'on est législateur de père en fils et qu'on travaille depuis des siècles sous l'œil du pays, on se sent capable d'un dévouement qu'il est ridicule d'attendre d'un député de passage, ignoré la veille, obscur demain, et dont la puissance éphémère lui paraît utilement employée à soigner de petits intérêts qui parfois ressemblent aux siens propres.

Un Parlement en France ressemble à s'y méprendre à une Société commerciale sans gérants, à une réunion d'actionnaires sans président ; les discours y pleuvent, les invectives n'y sont pas rares mais de décision, il n'y faut point compter.

Dans notre pays, le chef de l'Etat, de quelque nom qu'on le décore, est absolument indispensable ; son rôle est celui d'arbitre impartial entre des intérêts toujours très ardents à la lutte et parfois opposés. Si cette fonction vient à faire défaut, toute la machine sociale s'en ressentira.

Cette obligation où se trouvent les parlementaires de ne faire usage que d'un gouvernement sans tête, mène fatalement à des résultats qui, pour être inattendus, n'en sont pas moins logiques. On sait que la bourgeoisie est tout au moins en froid avec le suffrage universel; elle tourne avec défiance autour de ce redoutable moyen de gouvernement comme un enfant autour d'une lourde et grande épée; elle a comme un instinct secret que cette arme farouche n'est pas faite pour sa main délicate ; sans se rendre peut-être un compte exact des motifs de sa répugnance, elle la ressent vivement, mais n'ose pas l'exprimer tout haut : la chose se peut expliquer cependant de la manière la plus naturelle, par cette loi physique qui porte tout être créé à veiller au soin de sa conservation; il est bien évident, en effet, que, tant que cette urne électorale restera béante, elle peut servir à élire un prince ou un président de la République qui trouvera dans cette élection même les éléments d'une puissance égale ou supérieure à celle du Parlement.

Autrement dit, le suffrage universel, peut faire de véritables chefs d'Etat, et le Parlement n'est plus souverain. Tout s'explique alors, et il est entendu tout bas, entre les chefs avisés de l'entreprise parlementaire, qu'on musellera le monstre au plus tôt; la chose se passera sans grand tapage, et le plus doucement du monde ; les campagnards seront d'abord exclus comme illettrés et les ouvriers des villes auront bientôt leur tour après, comme brouillons ; les faits ont leur logique, et si la bourgeoisie reprend le gouvernement, cette révolution politique est certaine. On s'apercevra, hélas ! trop tard qu'en tuant le suffrage universel, on a brisé la meilleure arme du parti conservateur.

Le système électoral ayant disparu, les candidatures officielles fleuriront sur ses ruines. En effet, lorsque le chef de l'Etat choisit réellement ses ministres, il peut regarder avec impartialité les candidats se débattre dans l'arène électorale ; son premier besoin est d'être éclairé sur les vœux du pays, et sa situation personnelle n'est pas nécessairement ébranlée par tel ou tel choix. Tout autre est la situation quand ce sont des ministres parlementaires qui gouvernent : il y va de leur existence politique à faire triompher leurs amis ; aussi n'y épargne-t-on rien, ni les actes ni les théories. MM. Casimir-Périer, Guizot, Thiers, Duchâtel, Martin du Nord ont proclamé, du haut de la tribune, cette incontestable vérité : que le régime parlementaire n'entend ni ne peut se passer des candidatures officielles.

Sans doute, il ne faut guère espérer d'un gouvernement quelconque qu'il se désintéresse absolument dans une circonstance aussi grave que celle des élections générales du pays. Ce renoncement absolu n'est pas le fait des hommes, mais il était utile de faire comprendre la corrélation nécessaire qui existe entre l'impartialité possible d'un gouvernement qui a un chef à sa tête et l'impartialité impossible d'un gouvernement sans chef.

Il n'est pas besoin de s'appesantir longuement sur une autre conséquence inévitable de ce dernier mode de gouvernement. Tout le monde l'a pressenti, et les amis du Parlement souverain ne font pas mystère de leurs espérances à ce sujet. Le libre-échange et le traité de commerce sont choses perdues à l'avance. Je ne prétends pas juger en ce moment si ces réformes commerciales ont été un bien ou un mal pour notre pays ; je me borne à constater seulement qu'à titre de préjugé, si l'on veut, la liberté du commerce semble une mesure politique favorable aux intérêts du plus grand nombre, et pouvant nuire, momentanément au moins, à ceux de la classe bourgeoise. Quand il existe un chef d'Etat qui représente l'ensemble des besoins de tous les citoyens, la chose peut être discutée contradictoirement avec le Parlement ; quand le Parlement est tout, il serait oiseux de s'attendre à une impossible générosité

On sait également ce qui arrivera de ces problèmes de philosophie sociale et de philanthropie politique où étaient discutées naguère, avec une passion bienveillante, toutes les questions que soulève la vie morale et matérielle des classes ouvrières. La bourgeoisie, qui sait être bienveillante, charitable pour toutes les misères qu'elle rencontre sur sa route, ne veut pas laisser diminuer sa situation ; sa bourse reste généreusement ouverte à toutes les infortunes imméritées, mais à la condition de ne pas rapprocher législativement le patron de l'ouvrier; elle entend que les droits comme les devoirs restent différents.

C'est aussi une conséquence de ce régime où le prince ne gouverne rien, que la politique descende fatalement, des hauteurs sereines où elle devrait habiter, dans des misères inextricables de détails. Chaque député étant réellement souverain de sa petite localité, c'est de là que part tout mouvement, c'est là que tout mouvement aboutit; les affaires publiques sont traitées par le menu. Les idées larges et générales, les pensées fécondes d'avenir, la prévoyance lointaine, ces entreprises qui demandent à la fois de l'énergie et de la patience, tout cela ne naît pas à l'ombre du clocher électoral; on sent confusément qu'il manque un metteur en œuvre à tous ces matériaux épars; il faudrait un dénominateur commun à ces nombres sans valeur et sans signification dans leur isolement; une raison sociale à cette maison de commerce sans enseigne; la satisfaction indéfinie des intérêts matériels de tous les arrondissements électoraux ne suffit pas à pourvoir aux besoins supérieurs et généraux du peuple ; tous les députés français se déclareraient satisfaits, qu'il faudrait encore songer au député de la France.

Le régime parlementaire, importé récemment et par raccroc dans notre pays, nous paraît avoir donné sa pleine mesure de 1830 à 1848, et aussi de 1865 à 1870, où on a réussi à le faire adopter par l'Empire.

C'est décidément un arbre qui ne veut pas pousser dans notre sol français ; pas plus en franc de pied que par greffe ; hostile au suffrage universel, prodigue de discours et avare d'action, il semblerait aussi mal approprié que possible à une situation qui va exiger le concours ardent, laborieux et sans phrases de toutes les énergies individuelles.

III

La République compte en France un nombre assez restreint d'admirateurs passionnés ; un nombre plus grand de citoyens la laisseraient s'établir sans opposition, mais sans enthousiasme, et la masse du peuple, que les questions de forme politique touchent peu, ne lui demandera que ce qu'elle exige de tout gouvernement : la sécurité et le travail. Au nombre de ses meilleures chances de succès, il faut compter en première ligne le peu de chances actuelles de ses compétiteurs, et parmi ses adversaires les plus redoutables il est juste de ranger les républicains eux-mêmes. Ces derniers ont commis deux fautes sérieuses, qui suffiront à les écarter, momentanément au moins, de la scène politique.

Leurs discours, leur conduite, leurs sympathies bruyamment révélées ont fait comprendre à toute individualité importante dans le pays qu'elle ne devait compter que sur le dédain ou les mauvais traitements de la République. Le choix du nouveau personnel administratif, les destitutions de corps constitués, soulignés et expliqués par de nombreux discours officiels, n'ont pu laisser de doute dans l'esprit de personne; les résultats d'une pareille pratique ne se sont pas fait attendre; les républicains ont récolté de la sorte quelque chose qui ne ressemble en rien à l'affection, et les gens d'esprit, qui prennent bravement leur parti d'une disgrâce de courte durée, ont souri de la sottise d'un parti qui, au lieu de cacher avec prudence le peu de racines qu'il se sait dans le pays, prend un soin jaloux de crier par-dessus les toits son isolement et sa misère.

Ce fut une faute aussi de n'avoir pas

fait montre d'un drapeau quelconque : la première de toutes les conditions pour demander et obtenir des suffrages, c'ets de dire aux citoyens interpellés ce que l'on veut et où l'on prétend aller. Sans doute, le mot de république a sa signification propre ; il dit, à lui seul, que l'on gouvernera en se passant d'un roi ; mais si un pays peut faire des sottises quand il a un prince à sa tête, il peut en faire également quand il s'est débarrassé de ses têtes couronnées. L'explication n'est donc pas suffisante ; depuis 1789, en effet, il y a eu je ne sáis combien d'essais de républiques les plus diverses, plus différentes entre elles que le gouvernement du czar de Russie ne l'est du gouvernement de Washington.

Il est indispensable, si l'on veut se créer des partisans, de déclarer nettement ses préférences. Si la République se survit à elle-même et que, des mains qui l'ont compromise jusqu'ici, elle passe sous une tutelle plus intelligente, il est bon, il est nécessaire, il est urgent que les nouveaux-venus fassent un choix définitif, et que le peuple, en votant, sache pour quoi il vote.

Parmi tous les essais éphémères de constitutions républicaines, il est facile de distinguer deux formules : l'une arrêtée dans ses contours, l'autre encore un peu indécise ; la première, c'est la dictature d'une Assemblée ; l'autre, c'est la constitution de 1848. Si les hommes qui vont surgir des événements et qui se donneront pour mission d'établir le nouveau gouvernement s'arrêtaient à cette forme dictatoriale, il est bon qu'ils le disent très-haut, comme d'honnêtes gens qu'ils seront sans aucun doute. Mais, après cette proclamation de leur principe, on peut leur prédire, au jour du scrutin, un succès éclatant ; s'ils se décident pour la constitution de 1848, il faudra encore, avant de se présenter au peuple, qu'ils prennent une résolution nécessaire : cette constitution a voulu réunir deux choses absolument contradictoires : l'indépendance du chef de l'Etat et la souveraineté de l'Assemblée ; par son élection au moyen du suffrage universel, le président est bien le représentant véritable de la nation ; mais comme ses ministres allaient à la Chambre, ils étaient, en fait, les serviteurs de cette dernière et non ceux du chef de l'Etat.

Une situation aussi fausse ne pouvait que créer des embarras ; la lutte était inévitable entre ces deux pouvoirs presque également souverains ; et si le général Cavaignac avait été élu à la place du prince Louis-Napoléon, la bataille eût pu être retardée, mais non évitée ; de même que l'Empire, mal inspiré, a cru faire du libéralisme en déposant sa couronne au sein du Parlement, de même les républicains, mal avisés, ont cru faire de l'autorité en donnant un pouvoir supérieur à un homme qui ne pouvait l'exercer utilement qu'en brisant le Parlement ; des deux parts, c'était la confusion.

De cette longue dissertation, il résulte que le parti qui voudra gouverner la France ne peut se servir utilement ni du principe de la légitimité, qui est honorable dans son but, mais impuissant dans ses moyens, ni du régime parlementaire, qui n'est qu'un gouvernement sans tête, impossible dans notre pays, et qu'il peut et doit prendre en main la constitution de 1852. C'est là le vrai type français moderne ; la légitimité est aussi un type français, mais vieilli ; le parlementarisme n'est qu'un type étranger.

Inutile de dire que cette constitution de 1852 peut s'adapter à toutes les exigences du jour ; mais ce qui reste et doit rester c'est le principe vrai et éminemment national d'un chef élu par le peuple, et d'une Assemblée chargée d'un contrôle qui peut être aussi efficace qu'on le voudra, puisque c'est elle qui vote l'impôt, mais devant laquelle ne paraîtront pas les ministres du pouvoir exécutif.

Il y aura peut-être des gens pour prétendre que ce n'était pas la peine de renverser l'Empire si on doit reprendre l'instrument politique qui a fait sa gloire pendant les dix premières années de son existence. Mais il faut répondre que Paris a renvoyé, en 1870, un Empire parlementaire, c'est-à-dire la négation absolue de la constitution de 1852. Et si on insiste, si on montre quelque embarras pudique, il faut demander à ces gens trop scrupuleux s'ils ne comptent pas faire usage des canons Krupp, par la considération qu'ils ont été inventés par nos ennemis.

FIN

TABLE DES MATIERES

La fin de la République 5
Vainqueurs et Vaincus. 17
Le Retour à Paris. 27
Conversation entre amis sur le suffrage universel 41
Les Chemins de fer sous la République. . . 57
Supplique adressée à l'Assemblée nationale. 75
La Presse et le Jury politique. 85
La Politique de M. Thiers. 97
La Reconstitution du Conseil d'État. . . . 109
Les Solutions. 121
La République honnête et modérée. 133
Princes et Principes. 143

www.ingramcontent.com/pod-product-compliance
Ingram Content Group UK Ltd.
Pitfield, Milton Keynes, MK11 3LW, UK
UKHW022102190726
13855UKWH00002B/587

9 782013 256162